Kylian Mbappé

"Personne ne peut vous interdire de rêver"

ISBN : 978-2-263-17523-7
Code éditeur : L17523
Dépôt légal : avril 2021

Retrouvez-nous sur www.lisez.fr
Solar un département d'Édi8

france football

Kylian
Mbappé

“Personne ne peut vous interdire de rêver”

SOLAR
EDITIONS

Sommaire

KYLIAN MBAPPÉ
MEILLEUR JOUEUR FRANÇAIS 2018
france football

Préface

Le franc du foot

À dix ans, il jouait déjà à « la zone mixte » en s'amusant à répondre à des questions en configuration d'après-match. Pas très étonnant de le voir survoler l'exercice médiatique quelques années plus tard en affichant une franchise, une maîtrise, un savoir-faire et une décontraction de vieux roublard des points presse.
Parce qu'il a très tôt, aussi, saisi les codes et les ressorts du barnum médiatique, Kylian Mbappé a réussi la performance de devenir pour les journalistes un « bon client » sans jamais passer pour une balance. Malin, vif, sincère, pertinent, habile, il n'a pas grand-chose en commun avec beaucoup de ses congénères qui récitent leurs leçons tiédasses apprises auprès d'un media trainer. KM, lui, se contente souvent de discussions informelles avec Fayza et Wilfrid, ses parents, pour caler et cadrer ses sorties. Une p'tite entreprise familiale qui n'a rien d'artisanale à la vue du parcours médiatique (jusque-là) sans accroc du jeune homme.
À ceux qui lui reprocheraient un côté naturel surjoué, on peut témoigner. Pour avoir eu l'occasion de croiser à plusieurs reprises le prodige dans le cadre de tête à tête « événementiel » (première apparition dans la liste des 30 nommés pour le Ballon d'Or, sacre en Coupe du monde, victoire au Trophée Kopa, Meilleur joueur ***France Football*** de l'année), on est souvent reparti bluffé par l'à-propos, la spontanéité et la pertinence de ses réponses… à des questions qui n'incitaient pas toujours à pareil retour. On se souvient aussi de ce cahier d'écolier rempli avec une application touchante par l'intéressé au moment de préparer son « abécédaire ».
Ni hautain, ni copain, Kylian Mbappé a en plus l'élégance des gens bien élevés. Pas le genre à hisser son niveau de « je » pour marquer son territoire. Il observe juste une distance de sécurité vis-à-vis de la « chose » médiatique qui lui permet de traverser les aléas, les frimas, les tracas et les hourrahs avec une pareille décontraction.
À vingt-deux ans, il continue de s'amuser avec les zones mixtes et autres rendez-vous médiatiques. Pourvu que ça dure.

Pascal Ferré,
Rédacteur en chef de *France Football*

Une deuxième étoile sur le maillot, la première pour un Kylian Mbappé au début de carrière supersonique.

1 – Échauffement

“Plus rien ne sera comme avant”

Te voilà champion du monde. Qu'est-ce qui va changer pour toi ?

Coupe du monde ou pas, je suis quelqu'un de très exigeant. Je vais donc continuer à viser haut, c'est la suite logique de ma progression. Je sais que j'ai à vie une pancarte « champion du monde ». Mais, pour moi, ça ne va rien changer. Les ambitions et les devoirs restent les mêmes. Je suis déjà préparé à la suite : au bout de deux matches moyens, je sais bien que mon statut de champion du monde sera oublié.

Es-tu conscient que plus rien ne sera comme avant ?

Bien sûr ! Et j'espère que plus rien ne sera comme avant. Ce que l'on a fait est historique. Il va falloir surfer sur ça pour continuer à aller encore plus haut et laisser une trace dans l'histoire du football. J'en ai très envie.

Ça passe par quoi ?

Gagner la Ligue des champions avec le PSG ! Ce serait une première dans l'histoire du club et je crois que ça pourrait être énorme également. De toute façon, un footballeur de haut niveau doit toujours avoir de gros défis à relever. Après une Coupe du monde, tu peux également viser une autre Coupe du monde ou un Euro.

Que vas-tu avoir à prouver d'autre maintenant ?

Montrer que ce n'est pas un hasard, que je ne suis pas l'élu d'un soir, tombé du ciel. Il faut asseoir notre domination. J'espère que c'est le début d'une belle histoire pour cette génération.

As-tu conscience que, désormais, sur les terrains, certains adversaires vont vouloir “se faire Mbappé” pour avoir leur petit moment de gloire ?

C'était déjà le cas après mon gros transfert au PSG. Ça va continuer, mais on s'y habitue. Et, franchement, ça ne me dérange pas car ça m'oblige à être meilleur et à réduire mon droit à l'erreur. Ça me rapprochera de la perfection que j'essaie de viser. Ce sera une nouvelle étape au cours de laquelle je vais aussi devoir mieux contrôler mes nerfs, même si j'ai mal dormi ou si je ne suis pas bien. À moi également de ne pas me laisser endormir. Je vais être attendu mais je veux aussi être attendu. Car il n'y a rien de plus beau que de vaincre ce genre de challenge.

2 – Ses débuts

1998-2012

Une enfance parisienne

Une journée de décembre 1998, à Paris. Pierre Mbappé est appelé à la clinique locale. Fayza, la compagne de son frère, Wilfrid, vient d'accoucher d'un petit garçon. Un événement puisque c'est le premier petit-fils de la famille. Son prénom : Kylian. Pierre, l'oncle, se souvient : « Quand je suis venu à la maternité, le premier cadeau que je lui ai offert, c'est un petit ballon de foot. En taquinant, je disais aux parents qu'on allait en faire un footballeur. » Retour à la maison quelques jours plus tard, au 4, allée des Lilas, en plein cœur de Bondy. Un immeuble de quatre étages, un appartement situé au deuxième où la famille Mbappé a emménagé quelques mois auparavant. « Sa mère était enceinte quand ils se sont installés, se rappelle Monique, la voisine de palier. Ses parents étaient charmants. » Particularité de l'adresse ? L'immeuble donne directement sur le stade Léo-Lagrange. Un terrain qui va très vite devenir un parc d'attractions. « Je le voyais partir avec son grand sac sur le dos », prolonge Monique. « J'appelais ça son jardin, avoue l'oncle Pierre. Kylian y allait toujours quand il le voulait. Quand son père entraînait, il était là, quand d'autres éducateurs menaient leur séance, il était là aussi. » Il faut dire qu'avec une telle famille de sportifs, le petit Kylian ne pouvait qu'avoir un ballon au pied… ou dans les mains. Une mère handballeuse, un père et un oncle footballeurs. Et un demi-frère nommé Jirès Kembo-Ekoko (ancien attaquant de Rennes, aujourd'hui à Bursaspor en Turquie), de dix ans son aîné.

“On l’appelait Thierry Henry,
Il avait tous les maillots à la mode.”

Noé, ancien voisin et camarade de jeu

Ses dribbles assassins font de lui le meilleur joueur de ses équipes et Kylian prend vite le brassard de capitaine.

À peine né, Kylian reçoit un ballon comme premier cadeau à la maternité.

Sous le maillot de Rennes,
il répète déjà l'un de ses gestes techniques favoris : le bisou au trophée.

Ses idoles : CR7, Robinho et… Neymar

Dire que le petit Kylian baigne dans le foot est donc un doux euphémisme. « Dans ma famille, tout le monde aime le foot, jure Pierre Mbappé. Quand il y avait un match à la télé, que ce soit chez ses grands-parents ou chez son père, on regardait forcément. » Et le petit Kylian a très vite des étoiles plein les yeux devant les Ronaldinho, Zidane et autres Cristiano Ronaldo. Le Portugais, véritable idole du gamin. Ce n'est pourtant pas à lui que pensent ceux qui entr'aperçoivent le gamin sur le terrain. « On l'appelait Thierry Henry, lance Noé, ancien voisin et camarade de jeu. Il avait tous les maillots à la mode. » « Plus qu'une équipe, je pense qu'il aimait les joueurs talentueux », rajoute son oncle. Kylian rêve avec un ballon jour et nuit.

« C'est plus qu'un passionné, c'est un taré, narrait Wilfrid, le père, à francefootball.fr en février 2016. Je travaille dans le milieu, mais il arrive presque à m'en dégoûter tant il est à fond vingt-cinq heures sur vingt-quatre. Il regarde tout. Il a toujours voulu s'inspirer de ses idoles. Il était capable de regarder quatre à cinq matches à la suite. » L'histoire ne dit pas si le PSG faisait battre son cœur. « Il n'aimait pas forcément un club en particulier, sauf le Real Madrid, promet Rayan, un ancien pote. Mais il y a une chose dont je suis sûr, c'est qu'il adorait les Brésiliens comme Robinho ou… Neymar ! » Qu'ils soient disparus des radars ou futurs coéquipiers des années plus tard, le môme veut ressembler à ces artistes qu'il admire. Il sait ce que cela induit. Tel un acharné de travail, déjà, Mbappé enchaîne les heures et les heures ballon au pied.

« Il a toujours eu le smile »

Il signe sa première licence à six ans. Et se fait rapidement un nom. « Je suis arrivé à Bondy en primaire, explique Junior, un autre ancien camarade. Je ne connaissais pas grand monde. En passant mes tests à l'AS Bondy, j'ai vu un petit qui m'impressionnait. J'ai demandé qui c'était, on m'a répondu : "Kylian Mbappé." »

Mais ce n'est pas parce qu'il est au-dessus que le phénomène se croit arrivé. Au contraire. Il a certes du talent, mais aussi une soif d'apprendre les moindres secrets pour assouvir sa passion. Athmane Airouche, président de l'AS Bondy, raconte : « Lorsqu'on jouait à domicile, juste avant un match, on écoutait la causerie de son père, qui était notre coach. Tout d'un coup, la porte s'ouvrait, et c'est le petit bout de chou qui

Kylian fait ses débuts sous le maillot de Bondy. Ci-dessus, il pose dans les bras de celui qu'il considère comme son grand frère, Jires Kembo.

« C'est plus qu'un passionné, c'est un taré. »

Wilfrid Mbappé, son père

"J'irai à l'INF, à Rennes comme mon frère, puis au Real."

Kylian Mbappé à cinq ans

venait, s'asseyait et écoutait les paroles de son père entraîneur. Je crois que c'est l'enfant qui a assisté au plus grand nombre de causeries au monde. » De l'écoute, mais aussi déjà beaucoup de certitudes et de détermination. Wilfrid dans *FF* en 2013 : « À quatre ou cinq ans, il disait : "Je veux aller à Clairefontaine." Moi, je rigolais et je lui répondais : "Tu vas plutôt chanter *À la Clairefontaine* !" Mais il ajoutait : "J'irai à Rennes comme mon frère, puis au Real." On en a toujours plaisanté. » Rigoler, ne pas se prendre au sérieux, mais travailler : telle pourrait être la devise de la famille Mbappé. « Il était comme vous le voyez aujourd'hui, toujours le smile, toujours à faire le mariole, sourit tonton Pierre. Parce qu'on est une famille où ça chambre beaucoup, ça taquine, ça rigole. Il a été élevé là-dedans. »

Quand le phénomène sort ses griffes… en classe

Et l'école dans tout ça ? Que donne un prodige du ballon au calcul mental ou en géographie ? « Il avait des facilités, peut-être pas toujours exploitées, continue Pierre Mbappé. Mais dès qu'il voulait, il pouvait. Quand il fallait le secouer, on le faisait, et il repartait de plus belle. Il n'a jamais redoublé. » Décidément, pas facile de trouver de défaut. Même pas la moindre bêtise ? Si, quand même. Junior, ancien coéquipier à Bondy, en rigole encore : « Il s'était embrouillé avec un des maîtres au cours d'une récré. Le prof lui a crié dessus, il a attrapé Kylian par la main. Lui n'a pas aimé, il l'a griffé. »

Très vite, la scolarité du jeune garçon va poser problème. Doué et vif d'esprit mais indiscipliné, rêveur et parfois provocateur, il suscite l'agacement de nombreux enseignants. « La scolarité a toujours été un souci, raconte Alain Mboma, un intime de la famille Mbappé, aujourd'hui entraîneur au Blanc-Mesnil (Nationale 3). Le problème n'était pas l'école en tant que telle car c'était vraiment un garçon intelligent, qui absorbait vite les choses. Mais son ambition n'était pas là. »

Dans les différents établissements qu'il fréquente, le jeune Kylian manque de se faire renvoyer à plusieurs reprises. Sa mère, omniprésente, rencontre régulièrement les professeurs. « On voyait Fayza tous les soirs, explique Yannick Saint-Aubert, ancien directeur de l'école primaire Olympe-de-Gouges à Bondy. Elle venait me voir, discutait avec Marc, l'enseignant, demandait comment s'était passée la journée. On a pris beaucoup de temps pour discuter de Kylian. Cela aurait pu être très compliqué pour lui. Il pouvait s'échapper, soit dans une nonchalance, soit dans une rêverie. »

Pour le préserver de mauvaises fréquentations, ses parents l'inscrivent au collège dans un établissement privé catholique de Bondy. Là encore, le jeune garçon agace. Mais les parents veillent. « Kylian, c'était le seul élève – sur l'instigation de sa maman – à avoir une feuille de suivi en cinquième. Toutes les heures, il devait la faire signer par l'enseignant, raconte Nicole Lefèvre, son ancienne professeur de français. Il fallait écrire comment il s'était tenu : bien, pas bien, très bien. Voilà. Il y a eu de l'inquiétude. Quelques fois, quand il arrivait le matin, il avait une petite étincelle dans le regard et je lui disais : "Aujourd'hui, ça ne va pas être ta journée." Cela ne ratait pas. Le soir, sa maman me disait : "Aujourd'hui, il a eu huit heures de cours, il a eu huit mots." »

Le socle familial, solide et ultra-protecteur, va le préserver de dérapages plus conséquents. Les parents disposent de revenus confortables. Ils initient leur enfant au tennis, à la natation, l'inscrivent durant deux ans au théâtre et à l'école de musique, où il pratique la flûte traversière. Pour le cliché du jeune footballeur de banlieue épargné d'un destin miséreux grâce au sport, il faudra repasser. « Kylian savait que s'il descendait sous un niveau trop bas, Wilfrid et Fayza allaient

En 2010,
lors d'un voyage scolaire en Grèce. Kylian le rêveur s'est endormi... Jusqu'à la prochaine incartade.

le "cerner", raconte Yannick Saint-Aubert, resté proche de la famille. Il a toujours eu cette intelligence de jouer, jusqu'à ce que le boulet arrive à côté de ses oreilles. » « Je reste persuadé que l'éducation qu'il a reçue lui a permis de ne pas être borderline, ajoute encore Alain Mboma, dont l'épouse participa au soutien scolaire de Kylian le week-end. Parce que c'était un petit qui était capable de péter un plomb s'il n'avait pas ce qu'il voulait. C'est tout à fait le genre de gamin qui aurait pu exploser dans une cité, c'est sûr. »

Le pantalon « pattes d'eph » en classe

En cinquième, il fallut l'intervention de Nicole Lefèvre, attendrie par la personnalité de son élève, pour qu'il ne soit pas renvoyé de son établissement. Cinq années ont filé, elle se fiche royalement du football, mais elle a le regard qui scintille à l'évocation de cet enfant pas comme les autres. « Un jour, l'un de ses camarades l'avait un peu cherché, et en représailles, Kylian s'était moqué de son blouson. Alors pour bien lui faire comprendre les choses, sa maman l'a envoyé au collège avec un pantalon "pattes d'eph" démodé depuis vingt ans et des baskets à scratches, pendant une semaine. Il me regardait et me demandait : "Je suis beau, madame ?" Je lui disais : "'Ça peut aller." Il me répondait : "C'est grâce à vous, madame." Il savait que je l'aimais bien et me le rendait, je crois. Même dans la punition, on pouvait avoir cette complicité amusée. »

Le petit Kylian était un coquin, vif et astucieux. « Quand je le voyais avec son grand sourire, là, et son air goguenard, il me faisait penser à Henri Salvador, poursuit madame Lefèvre. Un jour, en plein contrôle, il regarde l'un de ses camarades dont le stylo avait fui et qui, en s'essuyant, s'était fait une énorme tache bleue sur le front. Le gamin s'appelait Mehdi Tache. Kylian me regarde en riant, je lui dis : "Pourquoi tu ris comme ça ?" Et lui : "C'est parce que Mehdi, il a mis son nom sur son front !" » Elle l'aime, ce petit, cela se voit, cela se ressent, mais ce n'était pas le cas de tout le monde à l'époque, loin de là. « Les résultats restaient plutôt satisfaisants, dit-elle, mais les mots sur le comportement étaient nombreux. Son attitude, avec ce petit sourire en coin et certaines remarques acerbes qu'il pouvait faire aux professeurs, passait de plus en plus mal. Lui, de son côté, commençait à se sentir mal aimé. Il avait 12 ans, c'était un enfant. Cela m'inquiétait. » C'est une période difficile, alors même que Kylian s'apprête à intégrer l'INF Clairefontaine, qui l'a recruté. Fayza, la maman, explique aux professeurs que son fils est différent et qu'il a besoin d'une attention particulière. « Il avait le profil d'un enfant précoce, pour qui, parfois, les tâches scolaires sont répétitives », confie Yannick Saint-Aubert, le directeur de l'école primaire. À la demande de ce dernier, Kylian avait passé un test de QI en CE2. Les premiers résultats sont brillants. Mais quand sonne l'heure de la récréation, le gamin n'a pas le droit de rejoindre ses camarades dans la cour, il doit finir ce qu'il a commencé. Agacé, il boude et bâcle la seconde partie du test. Du Kylian pur jus.

« Il était vif, intelligent, et l'école, d'une manière statique, toujours posé au même endroit, au bout d'un moment, ça l'ennuyait, raconte madame Lefèvre. Plus le cours était lent et plus on avait des problèmes (de comportement). Ce n'était pas un problème d'implication, c'était un problème de lenteur, ça n'allait pas assez vite pour lui. Et quand cela n'allait pas assez vite, il avait envie de faire des bêtises. » En cinquième, il sera suivi durant une année par un psychologue. Lui a déjà la tête ailleurs. Il a rencontré le football il y a bien longtemps. L'école, c'est pour faire plaisir à maman et papa. « Nous, en tant que parents, on a toujours envie que l'enfant ait une sortie de secours si ça ne marche pas dans le foot, explique Mboma, mais lui, il était tellement sûr de réussir… » Pour la petite histoire, il passera avec succès un bac STMG (sciences et technologies du management et de la gestion) à l'été 2016. Au grand dam de sa mère, qui rêvait d'un bac littéraire (L) ou économique et social (ES). Il en avait les capacités. Mais à la conseillère d'orientation, le jeune homme avait demandé à se diriger vers un bac où l'on « n'ouvre pas de livres et pas de cahiers ». Sacré Kylian.

À dix ans avec les seniors à l'entraînement

Ainsi vont les premières années de Kylian le Bondynois. Un jeune apprécié de son voisinage, décrit comme un petit garçon normal, élevé dans un contexte stable. Peut-être un détail, mais dans un parcours de footballeur, cela a toute son importance. « J'étais souvent chez lui, raconte encore Noé, le voisin. Nos familles étaient proches, ses parents étaient très sympathiques. » À dix ans, Kylian participe – déjà – à une semaine d'entraînement avec l'équipe seniors dirigée par son père. Wilfrid Mbappé – « le monsieur au chapeau », comme l'appelle Monique – est évidemment un personnage central de la réussite de Kylian. Très impliqué dans le club, éducateur de nombreuses équipes de jeunes de Bondy pendant des années, le paternel a laissé de bons souvenirs. « Il en demandait beaucoup aux joueurs, note Ezechiel, entraîné dans son enfance par le père Mbappé. Ce n'était pas un blagueur, il ne parlait pas beaucoup, et il pouvait paraître un peu fermé. Mais, dans le fond, il était vraiment sympa. »

La première étape importante de la vie de footballeur de Kylian Mbappé se situe aux alentours de ses onze ans avec le concours pour entrer à l'INF Clairefontaine. « Le foot est un milieu très fermé. Venant comme lui de Seine-Saint-Denis, je savais qu'il y avait un petit jeune de là-bas », divulgue Jean-Claude Lafargue, son entraîneur à l'INF. Kylian ne se loupe pas et passe l'examen

avec succès. « Il ne fallait pas rater la marche, estime son oncle. Mais il a toujours su gérer ces moments importants, c'est une de ses forces, alors que ça peut en faire paniquer d'autres. Jusqu'à aujourd'hui, il a compris que le foot, au-delà des enjeux financiers et économiques, reste un jeu avant tout. Il est dans cet état d'esprit depuis longtemps. » Mais avant de choisir l'INF, et alors qu'il aurait pu rejoindre Caen, Mbappé se rend à Londres, où Chelsea lui ouvre ses portes. Première infidélité à l'Île-de-France pour une découverte de quelques jours dans le club londonien.

À peine onze années ont-elles défilé au calendrier de sa vie que Kylian Mbappé attire les regards des recruteurs. Le PSG, Caen, Monaco ou Rennes entrent dans la danse, mais son père connaît déjà la musique, puisqu'il est aussi le tuteur légal de l'ancien Rennais Jirès Kembo. « Certains clubs voulaient qu'on signe un accord de non-sollicitation mais on refusait en raison de son âge, explique Wilfrid Mbappé. Kylian évoluait déjà en benjamin élite, à l'Omnisports de Bondy (Seine-Saint-Denis), où je travaille. Il était surclassé de deux ans. Quasiment de trois, car il est du 20 décembre. On voulait le retenir le plus longtemps possible mais, à Bondy, il voyait pas mal de petits partir dans des centres de préformation de clubs pros et souhaitait faire pareil. Au départ, il ne désirait pas rejoindre Clairefontaine. » Mais, convaincu par Gérard Prêcheur, directeur de la formation de l'INF, l'adorateur de « CR7 » prend finalement le contre-pied de ses aspirations initiales et décide de rejoindre la forêt de Rambouillet. « Avant son entrée à Clairefontaine, le club le plus chaud, c'est Caen, raconte son père. On n'a rien signé, car on aime être libres, mais on a donné notre parole que Kylian intégrera le centre de formation normand à la fin de l'INF. » Avant de plonger dans ce vivier de jeunes footballeurs, l'insatiable dribbleur répond avec ses parents à l'appel de Londres, car Chelsea lui propose de venir passer quelques jours dans ses murs. « Je me suis entraîné avec des 97 et des 98, raconte ce droitier vif et technique. J'ai joué un match amical contre Charlton. Quand je suis arrivé, mes affaires d'entraînement m'attendaient, bien préparées. Ça change, ce n'est pas la même mentalité qu'en France. Les gens m'abordaient avec plus d'attention. »

En septembre 2011, au centre de préformation de Clairefontaine dans les Yvelines. Kylian Mbappé est au premier rang, le quatrième en partant de la gauche.

Caen perd la main

De ce voyage, il a rapporté un maillot des Blues, accroché en haut de l'escalier du pavillon familial : c'est le reliquat d'une escapade anglaise surtout mue par la soif de curiosité et la faim de découvertes. « Avec Chelsea, ça n'a pas été plus loin, explique Wilfrid Mbappé. C'est un grand club, on voulait voir comment ça se passe à l'étranger. Une approche avant tout. Kylian avait seulement douze ans. » À cet âge-là, il est sans doute un peu tôt pour dribbler les frontières et s'échapper en profondeur, loin de la France.

En 2012 à Clairefontaine. À quelques heures des grandes vacances, Kylian Mbappé, 13 ans, fait le pitre avec son voisin de classe, Sergio Gonçalves.

Et puis, on l'a vu, en cette année 2011, Caen tient fermement la corde que tant de clubs essaient d'attraper. Cependant, au printemps 2012, Franck Dumas quitte le Stade Malherbe et son départ provoque un dommage collatéral : la remise en cause du pacte passé avec les parents de Kylian.

« Du coup, on a pris du recul par rapport aux Caennais, en accord avec eux, poursuit le père du joueur. Des clubs sont venus nous voir, on leur a répondu qu'on n'avait pas signé, que la donne avait changé. On a rouvert les portes entre les deux années à l'INF, tout en continuant à discuter avec le Stade Malherbe, qui venait d'être relégué en Ligue 2, ce qui n'était pas le problème. Quand on signe dans ce genre de club, on ne sait pas où il en sera quelques années plus tard. Ce qui nous plaisait à Caen, c'est qu'il y avait un côté affectif. Il nous faut au sein du club un référent, quelqu'un qui soit accessible et possède un certain poids. Les problèmes seront réglés plus facilement si le courant passe bien. On voulait sentir le truc, entendre : "Il est bon, O.K., mais j'aime aussi l'enfant et le contact avec les parents." Car on aurait pu aller n'importe où. »

« Mbébé », le boudeur

À Clairefontaine, les cours se déroulent au collège Catherine-de-Vivonne à Rambouillet jusque 15 heures. Ensuite entraînement tous les jours avant un retour le week-end pour jouer avec l'AS Bondy. « Vous êtes coupé de la cellule familiale, c'est quand même une épreuve, constate encore son oncle. Comme il était quelqu'un de déterminé, et qu'il savait ce qu'il voulait, c'était simple. Il était toujours content d'y aller *(à Clairefontaine)*. »

Là-bas, Jean-Claude Lafargue fait la connaissance d'un gamin équilibré, performant, qui répond à tous les critères. « Sur le plan scolaire, sportif, et dans la vie collective et sociale, on sentait son envie, sa motivation. » Au point que

l'éducateur devient rapidement fan du gosse. « Même s'il ne touchait que trois fois le ballon dans un match, on savait qu'il allait se passer quelque chose à chaque fois. Il avait une telle aisance… » En dehors, le petit bonhomme devient un ado. Pas toujours facile pour lui, surtout loin des siens, mais rien de grave.

À l'INF, Mbappé devient « Mbébé » : « On l'appelait comme ça parce qu'il pouvait bouder quand il n'était pas content, sourit Lafargue. Comme un enfant de treize ans ! Mais il était adorable et très réfléchi. Et en deuxième année, il a rapidement gagné en maturité. » Dans cette promo, Mbappé ne semble pas être le seul fada de football. « Quand on trouvait que l'entraînement n'avait pas été suffisant, on sortait le soir pour aller jouer dans la cage à foot alors que c'était interdit. Il n'y avait pas d'éclairage, alors on mettait les lumières des téléphones et on faisait des cinq contre cinq jusqu'à pas d'heure. On rentrait dans nos chambres par les fenêtres. »

Un joli séjour à zizouland

Pendant ce temps, au fil des week-ends, sans surprise, le nom de Mbappé revient très vite en boucle dans les discussions des recruteurs d'Île-de-France. Une évidence. « Lui, si tu ne le voyais pas, c'était grave, s'amuse un scout qui l'a suivi sur plusieurs années. Il était un petit peu en avance par rapport aux autres, mais comme des dizaines de jeunes en région parisienne. Derrière, on ne sait pas s'ils vont réussir ou pas. Mais tous les clubs pros le connaissaient. » Rien qui ne puisse perturber l'équilibre du jeune Mbappé, réglé comme du papier à musique. « Juste avant nos matches, il aimait bien rigoler, s'étonne encore Junior, son ancien partenaire. Il était à l'aise. Nous, on était avec notre pression, lui s'amusait, racontait des blagues. Il était certain de ce qu'il allait faire. » « C'était le petit comique du groupe », s'amuse Rayan. Mbappé fait alors saliver de très nombreux clubs.

Le Real Madrid et Zidane l'accueillent même quelques jours fin 2012 alors qu'il va fêter ses quatorze ans. Kylian en prend plein les yeux. « Le premier jour, on a eu des places pour une rencontre contre l'Espanyol, raconte Kylian. Le lendemain matin, on est arrivés au centre de formation. M. Zidane nous a un peu fait visiter, puis j'ai participé à un premier entraînement : il n'y avait que du jeu ! J'ai aussi disputé un match. Le quatrième jour, j'ai fait un décrassage et j'ai vu les joueurs. J'ai fait des photos avec tous. Quand j'avais quatre ans, les Galactiques me faisaient rêver. Je rêve d'y retourner un jour par la grande porte. »

"Il n'y avait pas d'éclairage, alors on mettait nos téléphones et on faisait des cinq contre cinq jusqu'à pas d'heure."

À Clairefontaine,
la pose devant la réplique grand format de la Coupe du monde, conquise par la France en 1998. C'est aussi le lieu des premiers tests physiques et des parties interminables après l'entraînement.

"À quatre ou cinq ans, il disait : 'Je veux aller à Clairefontaine.' Moi je rigolais. Je lui répondais : 'Tu vas chanter *À la Clairefontaine.*' "

Wilfrid Mbappé, son père

Kylian Mbappé,
la tête dans les étoiles, rêve de rejoindre ses idoles.

“Je reste persuadé que l’éducation qu’il a reçue lui a permis de ne pas être borderline.”

Alain Mboma, entraîneur et ami de la famille

La petite porte s’est ouverte, à les entendre, mais Kylian n’a pas voulu la pousser. « L’euphorie est vite retombée dès qu’on a reçu la réponse, positive, dit-il. Je voulais juste leur prouver que j’étais un bon joueur et sentir qu’ils me désiraient. Il y avait aussi le fait de changer de pays, de langue, d’école… S’il n’y avait eu que le foot, je serais peut-être parti, mais il y avait aussi le changement de culture. Si je dois y aller, ce sera plus tard. » L’objectif de rejoindre un jour Madrid se niche dans ses rêves depuis sa petite enfance qui ne l’empêchait pas de voir, déjà, en grand. À ce moment-là, le PSG est sur le coup, comme tous les autres, « mais il ne sentait pas le projet du club, avoue un proche de ce dossier. C’est pour ça qu’il est allé à Monaco. Jouer dans sa ville n’était pas une priorité ».

« On a rencontré plusieurs fois M. Zidane et, à partir du moment où il s’est retrouvé adjoint de l’équipe première, je me voyais mal le déranger pour un gamin de quatorze ans, explique Wilfrid Mbappé. Sans lui, on n’avait plus aucun repère. S’il était resté sur les jeunes, on y aurait été. Zidane ou pas Zidane, une fois que vous avez évacué tout ça, la discussion n’est plus là. On avait parlé de tout, des écoles, pas que de foot. Il s’agissait de la venue d’un enfant. En fait, c’est Caen qui a tenu la corde jusqu’à la fin. Le projet scolaire et sportif, quasiment similaire à celui de Franck Dumas, nous séduisait. Mais, comme le club n’est pas remonté en Ligue 1, le projet a battu de l’aile. Une des conditions sine qua non était une école privée et on ne pouvait plus nous la garantir. »

Avec Cristiano Ronaldo, lors de sa visite des installations du Real Madrid.

L’AS Monaco en a profité pour attirer cet amoureux du dribble qui enchaîne, avec allure, les passements de jambes à toute vitesse. « Le projet technique était là, détaille son géniteur, qui a pris une année sabbatique pour le suivre en Principauté. Je disais aux clubs : ''Vous êtes admirateur du joueur qu’il est aujourd’hui, ne me le transformez pas.'' Il possède un jeu atypique. À Monaco, ils ont garanti de ne pas le mettre dans une case. On voulait sentir qu’ils étaient sensibles à son profil de dribbleur, car il y a un taux d’échec à accepter. À lui de s’adapter aussi

Fidélité. Tout frais champion de France, l'enfant de Bondy devenu star a tenu à présenter l'Hexagoal à sa ville. Façon de montrer qu'il sait d'où il vient.

à l'équipe en gardant sa personnalité, son jeu. Ce qu'il fait aujourd'hui, s'il est capable de le reproduire plus tard… » Alors, peut-être concrétisera-t-il ses rêves, blancs comme le maillot du Real, un club qui ressemble à une inaccessible étoile dans la galaxie du foot. Conclusion poétique d'Oscar Wilde : « Il vaut mieux viser la Lune. Comme ça, si t'échoues, t'arrives sur les nuages. »

Le PSG a toujours gardé le contact

Mais déjà, à l'époque, Paris sait qu'il faudra compter sur le jeune Kylian Mbappé plus tard, et garde le dossier à portée de main. Les dirigeants ont tenté d'entretenir le contact depuis tout ce temps, réussissant même à instaurer une relation de confiance qui a sans doute compté au moment de convaincre Kylian. Mais alors qu'il pouvait l'arracher à la concurrence pour une bouchée de pain, le PSG va devoir signer un énorme chèque pour faire venir le joyau. Kylian Mbappé est désormais le deuxième joueur le plus cher de l'histoire. Une success story qui fait évidemment parler à Bondy, et qui attise même la curiosité de certains néophytes. « Un jour, mon fils m'a dit : "Regarde la télévision, on parle de ton ancien petit voisin", sourit Monique. Désormais, je m'y intéresse. » 2013-2017 : Kylian Mbappé n'aura finalement passé que peu de temps loin de chez lui, quatre années avant de revenir sur ses terres parisiennes, là où il est né. Tout près de là où il a grandi. Un chapitre se referme, un autre commence. Son titre ? Le retour du fils prodige.

CRISTIANO RONALDO
bwin
CRISTIANO RONALDO
FOOT
MBAPPE
7
fightaids
monaco

3 – Sa formation

2013-2016

Recruté par Monaco

Sur les murs de sa chambre d'adolescent, Cristiano Ronaldo fait tapisserie. De multiples posters du génial Portugais agrémentent la pièce, petit territoire conquis par de très grands dribbleurs. Eden Hazard et Neymar, habitués à donner à leurs adversaires des tours de reins en un tour de main, affichent aussi leur éclatante jeunesse non loin du lit sur lequel Kylian Mbappé s'installe pour prendre la pose. « Si je ne deviens pas footballeur, je serai mannequin », glisse cet attaquant excentré avec la malice et la fraîcheur de ses quatorze ans, en brandissant devant notre photographe un maillot de Monaco. Dès le 1er août, le centre de formation de l'ASM abritera ce jeune talent, qui a une passion brûlante pour le foot et du feu dans les jambes. Bien avant d'opter, en compagnie de ses parents, pour les Rouge et Blanc, il a disposé d'un choix royal, car les clubs désireux de le recruter formaient depuis plusieurs années une cour bien fournie.

Au début, ça tourne vinaigre

À Monaco, l'été 2013 est brûlant. À peine promu en Ligue 1, l'ASM dépense près de 170 millions d'euros sur le marché des transferts. Radamel Falcao, James Rodrigues, Ricardo Carvalho, Joao Moutinho, Jérémy Toulalan ou encore Éric Abidal viennent renforcer l'effectif. C'est dans ce contexte enivrant que Kylian Mbappé débarque sur la Côte d'Azur, avec, lui aussi, un statut de crack.

La première année, il vit dans un appartement avec son père, Wilfrid, qui a pris une année sabbatique pour le soutenir. Il en aura bien besoin. À 14 ans et demi, le jeune attaquant est surclassé en U 17, une promesse du club monégasque avant sa signature. Mais ses relations avec son entraîneur, Bruno Irles, vont se révéler désastreuses. Le jeune attaquant n'est quasiment jamais convoqué avec l'équipe première et se retrouve parfois en Division d'Honneur, un niveau ridicule pour son talent. Le technicien reproche à son joueur son attitude, notamment son manque d'implication défensive. « Le but, c'était vraiment de lui montrer ce qui lui manquait, affirme Irles aujourd'hui. Ce qu'il avait comme point fort et ce qui lui manquait pour le haut niveau. Et je ne l'ai pas senti très réceptif à ces remarques, qui auraient été constructives pour lui. »

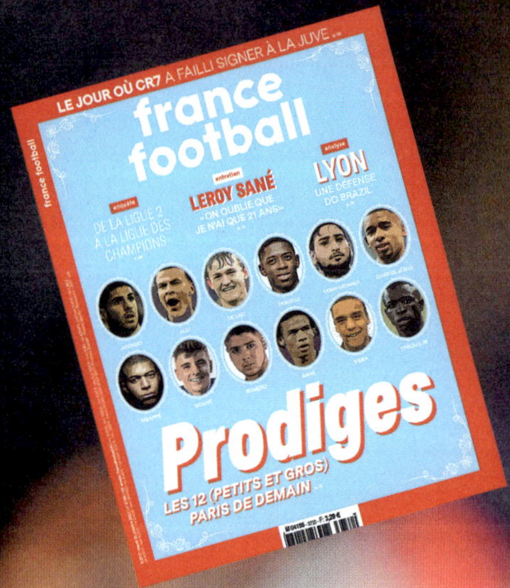

Selon le joueur, les remarques en question s'apparentent parfois à des humiliations. « Tu n'es pas au Real Madrid, ici », entend-il parfois. Il se braque. Wilfrid Mbappé assiste aux séances, parfois avec son frère, Pierre. Les deux entraîneurs de formation ne comprennent pas le traitement infligé à l'adolescent. À leurs yeux, le jugement d'Irles est faussé, il cherche à asseoir bêtement son autorité et a pris leur petit en grippe. Quelques échanges houleux entre le technicien et la famille Mbappé scellent une rupture inéluctable. Entre Bruno Irles et Pierre Mbappé, la situation est même à deux doigts de dégénérer. « Si cela ne va pas parce que l'entraîneur ne te fait pas jouer, ce n'est le problème ni du père, ni de la mère du joueur, ni de personne, explique ce dernier. Mais si cela ne va pas parce qu'il y a des choses que tu ne comprends pas, que tu les vis mal, et que l'on ne te les explique pas, alors là, cela devient le problème de la famille. Lui, il considérait que Kylian devait jouer en amateur. Ça, c'est son problème. Je ne commente pas. Par contre, ce que je commente, c'est l'accompagnement, à ce moment-là, de monsieur Irles et du club. »

> **"Tu n'es pas au Real Madrid, ici."**
>
> **Bruno Irles, son entraîneur en U17**

Au fil des mois, la situation empire. « On lui dit beaucoup "c'est bien, c'est bien", se défend Irles, mais à un moment donné, il fallait pointer ce qui n'allait pas dans son jeu et lui faire remarquer qu'il

AS MONACO
MBAPPÉ
29

y avait d'autres manières de progresser. Bon, ça a été un peu tendu par rapport à ça. » Aujourd'hui, Bruno Irles affirme qu'il a toujours cru au potentiel du jeune garçon. Mais il souligne encore des lacunes dans son jeu, et l'assume, persuadé que le temps balaiera les incompréhensions. « Il ne va pas m'en vouloir toute sa vie, dit-il, il se rendra bien compte que ce que je lui demandais, c'était pour améliorer son jeu et sa carrière. Je n'ai rien contre lui personnellement. Il n'y a donc pas de souci. »

L'affaire a pourtant laissé des traces profondes, qui ne s'effaceront pas facilement. Au cours de cette saison cahoteuse, Bruno Irles sera convoqué par ses dirigeants monégasques. La réunion, à laquelle assistent également les parents du joueur, est tendue. Selon nos informations, la direction du club décide ce jour-là d'interdire à Irles d'envoyer le jeune attaquant en Division d'Honneur. Mais elle ne peut pas décemment l'obliger à le titulariser en équipe première. La voie est sans issue. Avec l'accord du club, l'attaquant choisira de s'entraîner

seul durant quelques semaines, en fin de saison. Bruno Irles, lui, quittera l'ASM l'été suivant, invité par ses dirigeants à mener une mission bancale dans un club partenaire (Arles-Avignon).

La vie des petits génies du football raconte parfois des discordes et des fâcheries de tout genre. Kylian Mbappé aura été servi, et a forcément sa part de responsabilité dans les conflits qu'il a traversés. Mais ce gamin, profondément attaché au jeu, semble plus fort que tout, sur le terrain et en dehors, où il se prépare depuis le plus jeune âge à naviguer dans le milieu impitoyable du football. « Wilfrid a des vidéos de lui, enfant, dans lesquelles il raconte son parcours, raconte Alain Mboma. Il a 4 ans, 4 ans ! – et il décrit son parcours d'aujourd'hui. » « J'étais un grand rêveur quand j'étais plus jeune », admet en effet Kylian. Mes parents se foutaient un peu de ma gueule, entre guillemets. Mais, maintenant, ce sont eux qui sont dans la mauvaise position. »

Avec le maillot de Monaco, son nouveau club (à gauche). Et la victoire en Gambardella en mai 2016.

"J'étais un grand rêveur. Mes parents se foutaient un peu de ma gueule."

Il aura fallu qu'il se bagarre pour y parvenir, guidé par sa propre impatience, qui, dans son cas, aura peut-être eu quelques vertus. En 2015-2016, sa troisième saison à Monaco, il entre dans sa dernière année d'aspirant, et ne comprend pas pourquoi Leonardo Jardim ne l'intègre pas au groupe professionnel. Il a le niveau, il le sait. Mais Jardim l'ignore, jusqu'à la semaine internationale du mois de novembre 2015. « Je me rappelle très bien du premier entraînement de Kylian avec Jardim, raconte Luis Campos, ancien dirigeant du club, aujourd'hui à Lille. À la fin de la séance, Leonardo m'appelle et me dit : "Ce gamin, il ne doit plus descendre en CFA, il va travailler avec nous et quand il aura sa chance, je pense qu'il va y arriver." Mais Leonardo a un peu tardé, c'est la vérité. »

La période est capitale, pour le joueur comme pour le club, qui redoute de perdre sa pépite, libre en fin de saison. En coulisses, on s'agite. Le Paris-Saint-Germain – déjà –, Liverpool et Arsenal multiplient les approches. Selon nos informations, Arsène Wenger se déplace en personne pour tenter de le convaincre de rejoindre le club londonien. Kylian Mbappé vacille, il est surtout à deux doigts de répondre à l'appel du PSG. Mais, à Paris, il est finalement convaincu que Laurent Blanc, l'entraîneur de l'époque, ne lui donnera pas sa chance. « On n'était pas très loin, il restait deux clubs au final, l'AS Monaco et le PSG, raconte Olivier Létang, alors directeur sportif adjoint du club de la capitale. Ce qui a manqué, c'est le ressenti sur le temps de jeu. Parce que Kylian voulait jouer, et son ressenti, c'était qu'il aurait plus de temps de jeu à Monaco qu'au PSG. » C'est finalement Luis Campos, missionné par les dirigeants monégasques pour débloquer la situation, qui fera basculer la décision. « Je me rappelle parfaitement le jour où Vadim (Vasilyev, vice-président de l'ASM) me donne le feu vert pour rentrer dans le dossier. C'était comme une lumière de Dieu, car juste après, je sors des vestiaires et je vois la maman de Kylian. Je monte dans la tribune et passe quarante minutes avec elle. Je lui explique, avec mon expérience des grands clubs, l'avantage pour Kylian de rester à Monaco. Je lui dis que le plus important, c'est que le jour où Kylian entrera dans le vestiaire d'un grand club, il entende les autres joueurs lui dire: "Bonjour Kylian, bienvenue, nous t'aimons beaucoup." S'il avait quitté Monaco à ce moment-là, il serait arrivé dans un grand vestiaire, avec de grands ego, comme un inconnu. Ils l'auraient regardé en se disant: "Qui c'est, ce gamin ?" »

Le 6 mars 2016, c'est officiel: Kylian Mbappé signe son premier contrat professionnel et s'engage jusqu'en 2019, avec, selon nos informations, une prime à la signature d'environ 3 millions d'euros, et un salaire mensuel évolutif: 85 000 euros la première année, 100 000 euros la deuxième et 120 000 la troisième. Des sommes considérables pour un joueur de son âge.

"Il avait une capacité à s'exprimer et à analyser comme je l'ai rarement vu chez des gamins de cet âge."

Ludovic Batelli, sélectionneur des U19

En U17, un intermittent du spectacle

Alors sélectionneur de l'équipe de France U 17, Jean-Claude Giuntini, qui n'a pas souhaité répondre à nos sollicitations, considérait Kylian Mbappé comme un intermittent du spectacle. En 2015, il ne convoque même pas l'attaquant pour disputer le Championnat d'Europe en Bulgarie remporté par les Bleuets. Il lui préfère notamment Odsonne Édouard, qui sera d'ailleurs sacré meilleur buteur de la compétition.

La saison suivante, en U 18, Giuntini ne sélectionne toujours pas le joueur monégasque. Il ne croit pas en lui, lui reproche son manque d'implication défensive et son attitude. Du coup, Ludovic Batelli,

Finale de l'Euro des moins de 19 ans en 2016. La France bat l'Italie 4-0.

Premier titre en bleu, pour Kylian Mbappé.

sélectionneur des U 19, décide de le surclasser : « À l'époque, je suis orphelin d'Ousmane Dembélé, qui est monté très rapidement avec les Espoirs, raconte Batelli. Il y a un chaînon manquant et je pense à Kylian. Je me renseigne sur lui. On me raconte alors des petites choses sur le personnage, sur son attitude. On me dit qu'il a un rapport individualiste sur le terrain, en dehors aussi, qu'il ramène beaucoup de choses à lui, manifestant parfois des petits mouvements d'humeur. Moi, j'ai fait fi de tout cela. Je me suis simplement focalisé sur ce que je voyais quand il est venu avec nous. Et là, j'ai vu un futur prodige, qui, en plus, dans le relationnel, s'est approprié tous nos codes. » Malgré un écart d'âge considérable. « En fait, il avait deux ans de moins, poursuit Batelli. Parce qu'il est du 20 décembre. Et quand on voit, à cet âge-là, l'importance des écarts d'un point de vue taille, poids, maturité, réflexion… C'est fantastique, il avait une capacité à s'exprimer et à analyser comme je l'ai rarement vu chez des gamins de cet âge. »

Conquis, ses nouveaux coéquipiers l'adoptent immédiatement. « Quand il arrive dans le groupe, on doit disputer le Tour Élite qualificatif du Championnat d'Europe, raconte Lucas Tousart, le milieu de terrain de l'Olympique Lyonnais. On va en Serbie, on a trois matches à jouer, il faut obligatoirement finir premier et c'est lui qui marque le but qui nous permet de gagner le dernier match et d'aller à l'Euro. »

Quelques semaines plus tard, lors de l'été 2016, Kylian Mbappé est sacré champion d'Europe des U 19. Il inscrira cinq buts en cinq matches au cours de la compétition, dont un doublé en demi-finales. « En finale (face à l'Italie, 4-0), il fait aussi cette espèce de sombrero au-dessus du joueur sur le quatrième but, se souvient Batelli, toujours autant bluffé par ce qu'il a vu un an plus tôt. Ce geste-là, malgré toute la fatigue de la compétition, je suis sûr qu'à la troisième ou quatrième minute du match, il est aussi capable de le tenter. Et ça, c'est Kylian Mbappé. »

Ce titre de champion d'Europe des moins de 19 ans vient s'ajouter à une Gambardella glanée, deux mois plus tôt, sous les couleurs de l'AS Monaco, où il a été formé. Il était surtout, avec le latéral gauche Christ-Emmanuel Maouassa, l'un des deux représentants de la génération 98 à avoir été surclassés avec les 97 lors de cet Euro. Une vieille habitude… « Kylian était le seul mineur du groupe, rappelle aujourd'hui le sélectionneur Ludovic Batelli, à l'origine de sa promotion une classe au-dessus. On voulait le protéger, parce qu'on savait qu'il donnerait le meilleur de lui-même si on le mettait dans de bonnes conditions. »

“Son parcours n’a pas été lisse, et c’est tant mieux”

PIERRE MBAPPÉ, ENTRAÎNEUR ET DIRIGEANT DE FOOTBALL, RACONTE COMMENT LA DÉTERMINATION ET L’AMBITION ONT SERVI DE MOTEUR À SON NEVEU.

Votre neveu étonne le monde du foot. Êtes-vous surpris, vous aussi ?

● Kylian, c’est un enfant à part. Il est fou. Il a toujours eu des rêves de fou. Ce qui est incroyable, c’est qu’il atteint souvent ses objectifs. Même pour le bac. On lui demandait d’aller réviser. Il répondait : « Mais c’est bon, le bac, c’est dans la poche. » Et le bac était dans la poche. Quand il dit que ça va le faire, il faut le croire. Celui qui décide, c’est Kylian. Ceux qui pensent qu’on peut imposer un choix à Kylian se trompent. Il est accompagné par ses parents, sa famille, mais s’il n’est pas allé au Real, c’est parce que c’est lui qui l’a décidé. Tu ne peux pas être ce que Kylian veut être, si tu n’as pas de personnalité.

Il est costaud mais il a souffert de ne plus jouer avec Monaco avant son transfert.

● C’est exact. Il aime le jeu. Et si tu lui enlèves ça, tu lui enlèves sa vie. Durant cette période, il n’était pas acteur du truc. Et Kylian aime bien être acteur de ce qu’il fait. Subir, c’est complexe.

Le jour de la présentation officielle de Kylian au PSG, le 6 septembre, vous étiez au Parc des Princes. Qu’avez-vous ressenti ?

● Énormément de fierté. J’ai le souvenir d’une photo. Celle où on est rassemblés, en famille. Je suis avec mon fils, le petit dernier de la famille, il y a mon frère et ses fils, Ethan et Kylian, il y a mon père. C’est la seule photo où tous les « mecs » Mbappé sont réunis. Kylian, on le voit au quotidien. On ne fait pas trop de photos avec lui *(il a du mal à finir sa phrase)*…

On vous sent ému.

● C’est touchant, quand même. Vous ne vous rendez pas compte, mais… tout le monde est fier. Il y a beaucoup d’émotion. Et quand je repense à toute son histoire, je me dis : « Putain, ce con, il le fait. » Tout ce qu’il dit, il le fait. Moi, il me fait rêver aussi. Je suis aussi très heureux pour mes parents. Kylian passait beaucoup de temps chez eux quand mon frère et ma belle-sœur allaient s’entraîner au foot ou au handball. Ils sont très discrets, mais ils ont aussi joué un rôle.

Finalement, quel a été votre rôle dans son parcours ?

● Je n’interviens pas lorsqu’on me demande. J’interviens quand j’en ai envie. Et il m’arrive de donner mon avis. Mais je reste à ma place. Celle de l’oncle.

Mais vous êtes intervenu auprès de certains éducateurs de Kylian.

Oui, c'est vrai *(il rit)*. J'ai eu des échanges avec certains d'entre eux pour leur expliquer comment était Kylian. Mais sans donner de leçons. On fait le même métier. J'ai entraîné. J'ai été directeur sportif. On peut donc échanger. L'éducateur doit analyser les qualités techniques et tactiques de l'enfant. Mais aussi les qualités humaines. Quand je vois mon neveu malheureux, mon frère malheureux, ma belle-sœur malheureuse, je le suis aussi, alors, oui, j'interviens. Mais, encore une fois, je n'interviendrai jamais pour demander à un entraîneur pourquoi il ne fait pas jouer Kylian. C'est son choix. Simplement, quand tu es éducateur dans un centre de formation, tu as un devoir d'accompagnement.

Ces périodes délicates pour Kylian...

(Il coupe.) Le foot, ce n'est pas le monde des bisounours. Rien n'est lisse dans ce milieu. Ces accrocs, ça fait partie du foot. Ce qu'il a vécu à Monaco, à son arrivée, ça fait partie de sa carrière. Ce qui s'est passé avec Bruno Irles (son premier entraîneur à Monaco) lui a permis de grandir. Ce qui s'est passé cet été, cela fait partie du foot. Peut-être qu'un jour il aura encore des moments difficiles. Et il devra montrer qu'il est costaud. Son parcours n'a pas été lisse, et c'est tant mieux. Et puis, il ne faut pas exagérer les difficultés qu'il a rencontrées. Vu où il est à son âge, franchement.

Comment la famille a-t-elle géré les sollicitations, qui sont arrivées très tôt?

Les sollicitations, ça ne veut rien dire. Il y a combien de joueurs qui ont intégré des clubs professionnels et disparu? Si tu as 15 ans, que tu t'enflammes sous prétexte que tu as reçu un coup de fil du Paris-SG, qui veut te récupérer dans son centre, eh bien tu vas dans le mur, mon grand. Parce que si, toi, tu as reçu un appel, il y a en trente autres qui ont reçu le même coup de fil.

Mais quand le Real Madrid propose un stage d'une semaine en décembre 2012, ça doit être tentant, non?

Déjà, j'ai remercié Kylian. Je n'aurais jamais imaginé que mon neveu de 13 ans allait m'amener au Real ou à Chelsea. Il l'a fait. Très égoïstement, j'ai pris énormément de plaisir à discuter avec tous les techniciens de ces clubs, avec monsieur Ancelotti, avec monsieur Zidane. Malgré tout, on garde la tête sur les épaules. À l'époque, Kylian était vraiment très jeune. Rien ne nous disait que ça fonctionnerait. Tu peux aller au Real et rester un inconnu au bataillon.

Est-ce plus facile de dire non au Real lorsqu'on n'est pas dans le besoin financier?

C'est vrai. Kylian a grandi dans un climat très favorable. Pendant les cinq premières années de sa vie, il était le seul neveu de la famille. Il a été gâté, sans être pourri. Mon frère et ma belle-sœur ne manquaient pas d'argent. C'est pour cette raison que ça me fait sourire lorsque j'entends que le choix de rejoindre le Paris-Saint-Germain a été motivé par l'argent. Sans être non plus dans un monde où l'on peut se contenter d'eau et de sucre, l'argent n'a jamais été un moteur. Le projet de l'enfant a toujours été privilégié.

4 – Son explosion

2017

Un couple infernal

En avril 2017, à Monaco, Mbappé et Falcao ne jouent ensemble que depuis six mois. Mais leur qualité technique, leur adresse et la compatibilité de leurs profils en ont déjà fait l'une des paires les plus efficaces d'Europe.

Pour donner au 4-4-2 monégasque son sens, son équilibre et son efficacité dans les trente derniers mètres, Radamel Falcao et Kylian Mbappé constituent la paire d'attaquants idéale. La meilleure cette saison en Ligue des champions ? À vérifier. Mais celle dont rêve n'importe quel entraîneur pour animer ce système et donner à son équipe le mouvement indispensable, c'est clair. Depuis que Leonardo Jardim les a associés pour la première fois, six mois auparavant contre Montpellier (6-2), leur temps de jeu commun n'est pourtant pas si énorme, 1 015 minutes toutes compétitions confondues. Et jusqu'ici, les deux joueurs monégasques n'ont débuté que onze matches côte à côte. Sauf qu'ensemble, ils font tout mieux que les autres : marquer, presser, alterner les courses et coordonner les appels, sans jamais se retrouver sur la même ligne, donc.

1015 minutes ensemble, 26 buts

Compétition	Match	Falcao	Mbappé	Temps de jeu commun	Buts quand ils sont associés
L1	**Montpellier 6-2**	●	●	65'	Falcao (s.p.), Mbappé
L1	Saint-Étienne 1-1	○	●	20'	
L1	Nancy 6-0	●	○	8'	Mbappé
L1	Dijon 1-1	○	○	7'	
L1	**Bastia 5-0**	●	●	76'	Mbappé, Falcao 2
L1	Lyon 1-3	●	○	13'	
L1	**Caen 2-1**	●	●	80'	Falcao (s.p.)
Coupe	**Ajaccio 2-1**	●	●	88'	Falcao
L1	Lorient 4-0	●	○	16'	
Coupe Ligue	**Nancy 1-0**	●	●	77'	Falcao
L1	Paris-SG 1-1	●	○	1'	
L1	Montpellier 2-1	○	●	10'	
L1	**Metz 5-0**	●	●	81'	Mbappé 3, Falcao 2
L1	Bastia 1-1	●	○	19'	
Ligue Champions	**Manchester City 3-5**	●	●	79'	Falcao 2, Mbappé
L1	Guingamp 2-1	●	○	9'	
L1	Bordeaux 2-1	○	●	25'	Mbappé
Ligue Champions	**Bor. Dortmund 3-2**	●	●	85'	Mbappé 2
L1	Dijon 2-1	○	●	23'	Falcao
Ligue Champions	**Bor. Dortmund 3-1**	●	●	67'	Mbappé, Falcao
L1	**Lyon 2-1**	●	●	80'	Falcao, Mbappé
L1	**Toulouse 3-1**	●	●	86'	Mbappé

● *titulaire* ○ *remplaçant N.B. : en gras, les matches où ils ont débuté ensemble.*

52 buts à eux deux cette saison

Falcao		Mbappé
28	Buts	24
38	Matches joués	38
0,74	Moyenne	0,63
Comment ?		
18	Pied droit	15
4	Pied gauche	5
6	Tête	4
Où ?		
27	Dans la surface	23
5	dont penalty	0
1	Hors de la surface	1
Quand ?		
16	Première mi-temps	14
12	Seconde mi-temps	10
Quoi ?		
19	L1	14
5	Ligue des champions	5
2	Qual. Ligue des champions	0
1	Coupe de France	2
1	Coupe de la Ligue	3

Radamel Falcao et Kylian Mbappé ont joué ensemble 1015 minutes cette saison, mais chaque fois qu'ils ont été associés en début de match, l'un ou l'autre a toujours marqué. À commencer en Ligue des champions (4 buts pour Mbappé et 3 pour Falcao). L'un et l'autre sont de vrais droitiers, l'un et l'autre marquent exclusivement ou presque dans les seize mètres, l'un et l'autre font le plus souvent la différence dès la première mi-temps. Et s'ils n'ont disputé chacun que deux tiers des matches, ils représentent néanmoins 35 % de l'efficacité de l'équipe (150 buts toutes compétitions confondues en 57 matches). En revanche, Falcao (contre Bastia en L1 et Ajaccio en Coupe de France) et Mbappé (contre Metz et Bordeaux en Ligue 1) n'ont marqué que deux fois sur une passe du partenaire.

opta

Difficile de trouver un duo plus complémentaire

En les regardant jouer, leur complémentarité saute aux yeux. Christian Damiano, ancien adjoint de Claudio Ranieri en Serie A, mais aussi familier de Louis-II, dit : « L'un te donne la profondeur, la mobilité, la vitesse et prend l'espace, l'autre est un renard des surfaces qui sent tous les coups, sait garder le ballon et avec qui tu peux jouer dans les pieds. L'un est constamment en éveil et te propose déjà une solution avant même de recevoir le ballon, l'autre est d'une utilité extraordinaire dans le jeu, toujours là où il faut. L'un est capable d'accélérer et de t'éliminer dès sa prise de balle, l'autre peut te désorienter et te mettre hors de portée sur un simple contrôle orienté. Mais l'un et l'autre sont avant tout dans la finesse, la maîtrise technique, l'adresse et la vitesse d'enchaînement, pas dans la puissance, ni la recherche du duel. Même s'ils n'ont pas un jeu de tête spectaculaire, ils sont toujours devant le but, toujours sur les trajectoires : ça les rend d'autant plus difficiles à bloquer en même temps pour une défense. » Quand Monaco n'a pas le ballon, ce qui est davantage sa logique en Ligue des champions (46 % de possession en moyenne), et décide de privilégier les attaques rapides et un jeu plus direct, Mbappé et Falcao savent cependant presser dans l'axe à la perte du ballon, tout en conservant une distance maximale de 15-20 mètres, empêcher une relance rapide, ôter de la profondeur et harceler le porteur à tour de rôle, l'autre décrochant et venant couper une possibilité de passe vers un milieu.

L'expérience de l'un, l'insouciance de l'autre

À trente et un ans, Radamel Falcao n'est plus l'attaquant qu'on a connu à l'Atletico Madrid, celui que Pep Guardiola considérait à l'époque comme « le meilleur joueur du monde », mais son expérience et sa mentalité de compétiteur n'ont pas de prix. En creux, son intuition, sa malice, son agressivité et son sens de l'anticipation, typiques des grands attaquants de surface sud-américains, demeurent intactes. Comme le suggérait déjà Diego Simeone, « les seize mètres, c'est son jardin, il y est chez lui. Et dans cette zone, il sait toujours se situer par rapport aux autres, choisir le meilleur endroit pour faire la décision et transmettre aux autres de l'énergie ».

Mbappé, lui, possède l'insouciance, la fraîcheur et le dynamisme de ses dix-huit ans. Damiano souligne : « Dans le mouvement et la spontanéité, il est impressionnant. Mais il est aussi très intelligent, très attentif dans le placement et déjà très mûr pour son âge. Leur complémentarité est avant tout technique, mais pas seulement, donc. »

Une certitude : leur présence et leur habileté devant le but, alliée à la capacité de l'équipe à créer le surnombre et libérer de l'espace sur les côtés constituent l'ADN actuel de Monaco. Damiano toujours : « Dans les couloirs, il y a beaucoup de deux contre un, de fixations et de décalages. Que ce soit avec Djibril Sidibé et Bernardo Silva à droite ou Benjamin Mendy et Thomas Lemar à gauche, les deux attaquants sont donc toujours bien alimentés. »

À l'épreuve de la paire Bonucci-Chiellini

Si l'un et l'autre n'ont pas besoin de beaucoup de ballons et d'occasions (1 but tous les 2 tirs pour Mbappé cette saison en C1, 1 tous les 4,8 pour Falcao) et s'ils cadrent au moins une fois sur deux (71 % pour Mbappé, 50 % pour Falcao), la Juve sera un tout autre adversaire que Manchester City ou Dortmund. Damiano, entraîneur adjoint du club turinois entre 2007 et 2009, assure : « Au premier match, la Juve ne va pas jouer, elle mettra beaucoup de densité à la récupération et, déjà, elle ne te donnera pas de profondeur. Pour Mbappé, par exemple, cela risque donc d'être plus dur. » À l'épreuve de la paire Bonucci-Chiellini, d'une équipe « patiente quand il faut » et d'une animation défensive où « tout est parfaitement codifié, huilé et synchronisé » et contre laquelle « même le Barça s'est cassé les dents », le défi s'annonce considérable. Mais Monaco n'a pas trop le choix s'il veut forcer son destin : conserver du monde dans la zone de finition, travailler dans l'axe avec Falcao, dans la largeur et la profondeur avec Mbappé, offrir des solutions de passes pour les joueurs excentrés et jouer tous les coups à fond. Ou croiser les doigts pour que la Juve soit dans un jour sans.

Décider.
S'il sait toujours comment se situer par rapport à l'équipe, Falcao sait aussi parfaitement se servir des appels de Mbappé pour décider: donner ou frapper.

"L'un te donne la profondeur, la mobilité, la vitesse et prend l'espace, l'autre est un renard des surfaces toujours là où il faut."

Christian Damiano, ancien adjoint de Claudio Ranieri en Serie A

“L’un te propose déjà une solution avant même de recevoir le ballon, l’autre est d’une utilité extraordinaire dans le jeu.”

Christian Damiano, ancien adjoint de Claudio Ranieri en Serie A

Combiner.
La vitesse et la spontanéité de Mbappé alliées à la qualité de déplacement de Falcao rendent le duo très difficile à bloquer pour les défenses adverses.

5 – Les Bleus

2017

Son nouveau monde

Ce moment, il l'a attendu pendant longtemps, à tel point qu'il a sans doute fini par le devancer, même. Hier, le jour de ses dix-huit ans et trois mois, Kylian Mbappé a pris ses quartiers au château de Clairefontaine, le genre de bâtisse qui cadre parfaitement avec son conte de fées actuel. Une pastille vidéo glissée sur le site de la FFF le montre en train de monter l'escalier, moins vite qu'il ne grimpe les marches de la notoriété, depuis quelques semaines. On le voit ensuite se diriger vers le deuxième étage, entrer dans sa chambre et ouvrir son sac, sûrement moins rempli que les filets des gardiens adverses. La veille, à Caen (3-0), en Ligue 1, deux autres buts inscrits avec Monaco ont de nouveau convoqué les éloges et les statistiques, tout aussi flatteuses. Après ce succès, ses parents, Wilfrid et Fayza, l'ont conduit dans le pavillon familial, à Bondy, commune de Seine-Saint-Denis qui figure au centre de sa géographie intime. C'est là que le nouvel appelé en sélection a très longtemps eu ses

> “Nous avions étudié son jeu, ce garçon est dévastateur. J'en ai rencontré des bons jeunes au fil des années, mais jamais un comme lui.”
>
> Andrea Barzagli, défenseur de la Juve

Première titularisation en équipe de France, le 16 mars 2017 en match amical contre l'Espagne (0-2), une semaine après sa première sélection, une entrée en jeu à la 78e contre le Luxembourg (3-1).

habitudes de vie et de footballeur, même si, pendant deux ans, il a dû se partager entre son club et l'INF Clairefontaine.

Sa mère l'a conduit à Clairefontaine

C'est sa mère qui le conduisait dans les Yvelines tous les dimanches, puis revenait le chercher chaque vendredi, un trajet qu'ils ont tous les deux reproduit hier matin, mais la route n'était pas bordée par les mêmes sentiments. Dans sa tête voisinaient un peu d'excitation et beaucoup de fierté, à l'idée de rejoindre tous les premiers de la classe du football français. Et, puisqu'il est question de dosage, il était bien plus pressé que stressé : la hâte de montrer son savoir-faire de joueur avivait son impatience. Dans la galerie de ses émotions, il y avait aussi de la joie et ses yeux pétillants servaient de sous-titre éloquent à son bonheur. « Il est arrivé ce matin avec un grand sourire », a confirmé, en conférence de presse, Didier Deschamps qui, à l'occasion de ce rassemblement, a inclus Mbappé dans un joli bouquet composé de cinq Monégasques. Naturellement, le prodige de l'ASM a pénétré sur le terrain d'entraînement, en fin d'après-midi, en compagnie de Sidibé, Lemar et un kiné des Bleus, avec lequel la discussion était intense, davantage que ce qui s'annonçait. Ensuite, en effet, il a vite avalé un menu allégé : une demi-heure qui mêlait footing et petits exercices de décrassage, effectués en compagnie de Lemar, Mendy, Bakayoko et Tolisso. Au fond, son activité la plus soutenue eut sans doute lieu avant cette courte séance, lors des vingt à vingt-cinq minutes passées à signer des autographes et à accorder des photos à des gamins. Dans le reflet de leurs yeux énamourés, peut-être se revoyait-il lui-même, enfant, en train de poser avec les lauréats du Mondial 1998, comme Zinédine Zidane. La France avait conquis ce trophée plus de cinq mois avant sa naissance, ce qui le situe comme le plus jeune des convoqués, dans un groupe qui recèle cinq nouveaux appelés. « Je le découvre en sélection, je ne l'ai pas fréquenté en équipe de France de jeunes, raconte le milieu offensif de Marseille Florian Thauvin, un autre novice. C'est un garçon agréable, gentil. Il fait des choses exceptionnelles sur le terrain. Il ne fait pas ado, il est jeune, mais il y en a beaucoup dans le groupe. C'est vraiment cool de faire sa connaissance ! » C'était, en fait, comme un jour de rentrée, qui sera fixé à jamais sur la pellicule de ses souvenirs.

2017 Le roman d'une année folle

IMPRESSIONNANT DE PRÉCOCITÉ ET DE MATURITÉ, LE JEUNE ATTAQUANT A CREVÉ L'ÉCRAN AVEC MONACO AU DÉBUT DE L'ANNÉE. ET BIEN AU-DELÀ DES FRONTIÈRES FRANÇAISES.

Son année a débuté auprès de ses deux amis de toujours, Joé Kobo, jeune footballeur stagiaire à Caen, et Ismaël Mboma, alors élève en terminale, dans une fête organisée chez une amie de lycée de ce dernier. Kylian Mbappé venait à peine de célébrer son dix-huitième anniversaire (le 20 décembre 2016) et avait profité de la courte pause accordée par Leonardo Jardim, son entraîneur à Monaco, pour rentrer à la maison. À Bondy, aux portes de Paris, là où habitent alors encore ses parents et son jeune frère, Ethan, il se sent chez lui, persuadé que, très vite, il deviendra l'une des plus grandes fiertés de la cité. Cette nuit-là, il connaît son premier réveillon en dehors du foyer familial. L'enfant de la Seine-Saint-Denis est devenu adulte, décidé à prendre son envol à l'aube de cette année 2017. De Monaco à Paris, des équipes de France de jeunes à celle dirigée par Didier Deschamps,

il va battre tous les records de précocité et entrer avec fracas dans un nouveau monde, casquette vissée sur la tête, prêt à dégainer. Un nouveau shérif est en ville. Il s'appelle Kylian Mbappé et lui-même ne se donne aucune limite.

Il avait fallu une prise de parole de Wilfried Mbappé, le 13 octobre 2016, dans les colonnes de *L'Équipe*, pour que son fils bénéficie de davantage de temps de jeu, à l'automne, dans son club. Confronté au danger d'une demande de transfert lors du mercato hivernal, Leonardo Jardim, l'entraîneur de Monaco, avait calmé l'impatience de son jeune attaquant en l'intégrant plus régulièrement dans sa rotation d'effectif. Mais malgré une fin d'année riche en promesses, Kylian Mbappé ne joue quasiment pas en janvier, en Championnat. Une minute face à Marseille (4-1), Paris (1-1) et Nice (3-0), un quart d'heure contre Lorient (4-0) : le jeune homme trépigne, s'agace, et ne comprend pas comment il n'a pas eu davantage sa chance, au moins à domicile face à des Bretons déjà mal en point. Arrive alors le 7 février, et ce match en milieu de semaine à Montpellier (2-1). Ce soir-là, le technicien portugais décide de faire souffler Radamel Falcao, et Mbappé de se lancer dans sa folle ascension.

«Le magicien»

Titulaire, buteur, il marque les esprits et enchaîne, le week-end suivant, par un triplé retentissant face à Metz (5-0), au sein d'une attaque flamboyante qui empilera 107 buts en L 1. « Un monstre de dix-huit ans », titre notre journal le lendemain matin. Le prodige retrouve le banc à Bastia (1-1), quatre jours avant le choc face à Manchester City, en huitièmes de finale aller de la Ligue des champions, mais son punch, son mental et ses jambes de feu ont mis la graine dans l'esprit de son entraîneur et de ses dirigeants. Avec le style de jeu prôné par Pep Guardiola et les carences défensives de City, les espaces s'ouvriront forcément aux contres monégasques. Comment se priver du dragster Mbappé? Jusqu'au dernier moment, Valère Germain, excellent depuis le début de la saison, s'avance cependant comme le grand favori pour épauler Falcao à l'Etihad

Convoqué en équipe de France, titulaire et champion de France avec Monaco, buteur en Ligue des champions, à 18 ans, Mbappé est déjà incontournable.

Stadium. Ce n'est qu'à la causerie d'avant-match, une heure et demie avant le coup d'envoi, que le gamin de Bondy apprend sa titularisation, sa première en C 1, après trois entrées en phase de groupes. Nous sommes le 21 février 2017, et Kylian Mbappé, qui avait fondu en larmes puis disparu dans la nature plusieurs heures après avoir appris qu'il n'était pas convoqué pour affronter Tottenham (2-1), en septembre, va poser ses premières empreintes sur la scène européenne, lors d'un match à couper le souffle (3-5). « J'avais l'habitude de lui envoyer des messages, en lui disant : "Tel jour, tu vas marquer", raconte Kibéty Kobo, un intime de la famille. Ce jour-là, je lui ai envoyé un texto, et je lui ai dit : "Tête de poire, tu vas marquer." On s'était parlé un peu avant, et je le chambrais. Je lui disais : "Attention, en face, c'est Otamendi, c'est Kompany. Attention à toi." Il m'a répondu comme avant : "Hey, t'inquiète pas, je suis sûr de ce que je vais faire." »

Malgré la défaite, Mbappé a laissé une trace indélébile dans le nord de l'Angleterre en inscrivant son premier but en Ligue des champions, sur un long ballon en profondeur. Le début d'une série phénoménale. Avant le match retour, le 15 mars, sa titularisation ne se discute plus. Il marque à nouveau et participe activement à la qualification monégasque (3-1). En quarts de finale, face à Dortmund, il inscrit un doublé à l'aller (3-2) et marque une fois au retour (3-1). Le 9 mai, à Turin, en demi-finales retour, il est l'auteur de l'unique réalisation de son équipe face à la Juventus (0-2, 1-2) et suscite l'admiration des joueurs italiens. « Nous avions étudié son jeu, ce garçon est dévastateur, confiera ainsi Andrea Barzagli (36 ans), le défenseur international de la Juve. J'en ai rencontré des bons jeunes au fil des années, mais jamais un comme lui. » Bilan de sa première campagne de C 1 : six buts en neuf matches et six titularisations. Historique.

La machine s'emballe

Février s'était révélé formidable. Mars sera incroyable. En parallèle aux prouesses du jeune attaquant sur la scène continentale, la sortie de l'hiver consacrera un phénomène médiatique et populaire. Le 6 mars, il fait la une de *L'Équipe* pour la première fois : « Le magicien », titre le journal après une nouvelle démonstration en Ligue 1, face à Nantes (4-0, doublé). Le 15, il est décisif contre City au stade Louis-II. Le 16, Didier Deschamps le convoque pour la première fois en équipe de France. Le 19, à Caen (3-0, doublé), le public normand lui offre une ovation à sa sortie du terrain.

Depuis le 1er février, il a marqué à chacune de ses titularisations, soit treize buts en neuf matches.

Même pour son bizutage et sa première conférence de presse, il est comme un poisson dans l'eau avec les Bleus.

En un mois et demi, Kylian Mbappé a conquis des territoires que personne ne pouvait imaginer, par-delà les frontières des rivalités sportives traditionnelles. La France est sous le charme, conquise par son talent et sa fraîcheur, elle adoube ce virtuose précoce, dont elle n'avait jamais entendu parler quelques semaines auparavant.

La machine s'emballe, tout va vite, très vite, mais jamais vraiment assez pour ce jeune homme au sourire coquin, qui exprimait déjà, enfant, face à la caméra de son papa, sa certitude de réussir au plus haut niveau. Le jour de l'annonce de sa convocation en bleu, un membre bien informé du club monégasque lui avait dévoilé le secret dès le matin. Il était heureux, forcément, mais il s'y attendait depuis quelques jours. Le 25 mars, contre le Luxembourg (3-1), il franchit une nouvelle étape dans son escalade effrénée vers la réussite : à dix-huit ans, trois mois et cinq jours, l'attaquant effectue ses débuts en équipe de France en suppléant Dimitri Payet en fin de match (78e). Trois jours plus tard, il est titulaire face à l'Espagne (0-2), en amical. Des premiers pas quelconques et relégués au second plan lors d'un match marqué par l'utilisation de la vidéo au Stade de France. Mais dans l'intimité des Bleus, son talent, son intelligence et son culot ne sont pas passés inaperçus. « Il a une espèce d'aptitude naturelle à rentrer dans les clous avec une facilité déconcertante, explique ainsi Philippe Tournon, le chef de presse. Son bizutage, sa conférence de presse, sa relation avec les anciens, il a l'attitude, le mot qu'il faut, quand il faut, où il faut. Ça semble couler de source alors que ça pose tellement de problèmes pour tellement d'autres joueurs. » Son bizutage ? Debout sur une chaise, bouteille d'eau minérale devant la bouche – le micro des joueurs de foot –, il apparut l'œil pétillant et le sourire blagueur au moment de chanter quand Florian Thauvin, autre bizuth du rassemblement, sembla paralysé lorsque arriva son tour. Le futur Parisien livrera ce soir-là sa version de *C'est plus l'heure*, un titre R'N'B des artistes Franglish, Dadju et Vegeta.

Difficile de trouver un duo plus complémentaire

L'aventure de Monaco en Ligue des champions se termine le 9 mai, à Turin. Mais cette élimination logique et attendue ne gâchera pas la fin de saison du club de la Principauté. Huit jours plus tard, lors d'un match en retard face à Saint-Étienne (2-0), l'équipe de Leonardo Jardim est sacrée championne de France, devant le Paris-Saint-Germain. En inscrivant à la 19e minute son quinzième but de la saison en L 1 (en 29 matches, dont 17 comme titulaire), Mbappé a ouvert la voie du succès et des festivités. La nuit sera courte pour ses coéquipiers, qui plongent dans le relâchement et l'allégresse. Pas lui. Le jeune homme n'a pas envie de sortir. Il avait déjà fait le coup, l'été précédent, lors du titre de champion d'Europe remporté avec l'équipe de France des moins de 19 ans. Il pense au match face à Rennes, trois jours plus tard – il doit bien y avoir un record à effacer –, aux Bleus qui l'attendent, début juin, à ses rêves de conquête qui l'habitent sans cesse. Face à l'insistance de ses dirigeants, il finit par se résoudre à se montrer à la fête. Mais il doit d'abord passer à son domicile pour se changer. Il n'en ressortira finalement que le lendemain, après une longue nuit de sommeil. Mbappé a du génie dans les pieds et un pouvoir de séduction considérable. Mais il a aussi son caractère et, parfois, c'est une tête de mule. Pour autant, les honneurs se multiplient. Il est nommé dans l'équipe type de la Ligue 1 lors des Trophées UNFP, puis dans celle de la Ligue des champions par l'UEFA. Où s'arrêtera-t-il ?

Dans les semaines qui suivent, Mbappé rencontre Unai Emery (Paris-SG), Pep Guardiola (Manchester City), Arsène Wenger (Arsenal), Jürgen Klopp (Liverpool) et échange au téléphone avec Zinédine Zidane (Real Madrid), histoire de prendre date et d'assurer ses arrières. Mais il laisse à chaque fois entendre que sa priorité ne va pas à un transfert. *« Vous pensez donc vraiment qu'un garçon qui veut à tout prix rester s'amuse à rencontrer tous les entraîneurs d'Europe ? »* persiflera-t-on, quelques semaines plus tard, du côté de Monaco. La question peut se poser. Et pourtant : début juillet, il quitte l'appartement qu'il occupait avec sa mère, à Cap d'Ail, et emménage dans une maison qu'il vient d'acquérir. Il est prévu que l'ensemble de sa famille s'installe à ses côtés. À Bondy, les cartons sont faits, ils seront livrés quelques jours plus tard. Sur le Rocher, il se murmure pourtant, dans certains cercles, que l'attaquant et ses proches ont écarté toutes les propositions des dirigeants monégasques. C'est faux, et pour cause : si, en échange d'une prolongation, le clan Mbappé souhaite effectivement obtenir un salaire XXL, l'ASM n'a jamais présenté de nouveau contrat à son surdoué.

Au cœur de ces incertitudes, le terrain a repris ses droits. Le 9 juin, en Suède (1-2), il entre quinze minutes lors de la défaite de l'équipe de France en qualifications pour la Coupe du monde. Il est titulaire, quatre jours plus tard, face à l'Angleterre, au Stade de France, et marque la soirée de son génie et de ses prises de risque. Après avoir frappé sur la barre, il offre le but de la victoire à Ousmane Dembélé (3-2, 78e). Mbappé semble déjà incontournable dans le paysage.

Le meilleur buteur français
Nombre de buts marqués en club sur l'année civile

1. Kylian Mbappé (Monaco, Paris-SG)	32
2. A. Lacazette (Lyon, Arsenal)	30
3. N. Fekir (Lyon)	25
4. A. Griezmann (Atlético de Madrid)	24
5. W. Ben Yedder (Séville FC)	20

Le plus jeune joueur à...

- ... avoir marqué **10 buts** en Ligue des champions en 15 matches
- ... avoir marqué en **demi-finales** de Ligue des champions à 18 ans et 140 jours le 9 mai, avec Monaco contre la Juventus (1-2).
- ... avoir atteint les **20 buts** en L1 depuis 40 ans.
- ... être devenu **international français** depuis 1955 (Maryan Wisnieski, 18 ans et 61 jours) à 18 ans et 95 jours.

apta

6 – Son transfert au PSG

2017

« Devenir un grand joueur »

Il t'a semblé long, ce mois d'août 2017 avant ton transfert ?

● En fait, ce n'est pas tant les négociations qui m'ont paru longues, c'est le fait de ne pas jouer. Les négociations, elles ont commencé il y a longtemps, ça datait déjà du mois de juin. Mais à partir du moment où l'on m'a enlevé du terrain, c'est vraiment devenu interminable. Cela n'a duré que deux semaines mais, pour moi, c'est comme si cela avait duré tout le mercato.

Malgré les négociations en cours, tu aurais préféré continuer à jouer pour Monaco en attendant l'issue du transfert ?

● Bien sûr. Le coach savait que j'étais à la disposition de l'équipe, que je pouvais jouer tous les matches et que la question de mon avenir ne pouvait pas déteindre sur mes performances, même si, c'est vrai, elles ont été moins bonnes en début de saison. Mais j'essaye de ne pas me donner d'excuses et d'être à fond, quoi qu'il se passe. Ce transfert, il aurait pu ne pas se faire et, alors, je serais resté à Monaco. Si cela s'était passé

DOSSIER GRIEZMANN : LA FIN DES MOIS DOUTE ?
france football
TOUT L'ÉTÉ, RETROUVEZ « LE GRAND MERCATO » DE FF
180 M€
analyse
MBAPPÉ
COMMENT LE PSG A TOUT BOUSCULÉ
étude
LES CHIFFRES FOUS DES TRANSFERTS
222 M€
technique
DEMBÉLÉ
CE QUI L'ATTEND AU BARÇA
L'ÉTÉ DE TOUS LES RECORDS
84,8 M€
105 M€
Mercato
64,7 M€
41,5 M€
STADE LOUIS I
AS MO
STADE

FEDCOM
Triangle intérim
OREZZA
ASMONACOFC
OREZZA
Plus que de l'eau...
AROM

ainsi, j'aurais perdu trois matches. C'était vraiment bête. C'est pour cela que je voulais jouer. J'étais triste. Mais bon, c'était une décision du club. Il faut respecter toutes les décisions du club.

Tu comprends quand même, vu les sommes évoquées, que Monaco puisse avoir eu peur que tu te blesses gravement ?

● Oui et non. D'un côté, je me mettais à leur place et je me disais que je ferais peut-être pareil. Et de l'autre, j'étais à la mienne et je ne comprenais pas. J'étais quand même un joueur important de l'équipe. Et se priver d'un joueur important, ce n'est jamais… *(Il ne finit pas sa phrase.)* Mais bon, c'est un choix respectable.

"C'est un monde que j'ai découvert et, sérieusement, je ne souhaite pas aux gens de découvrir ce monde-là. Ce n'est pas ça, le vrai visage du football."

Cette période est-elle la plus dure expérience que tu aies connue depuis que tu es devenu pro ?

● Oui, bien sûr, car c'est un monde que je ne connaissais pas. C'est un monde que j'ai découvert et, sérieusement, je ne souhaite pas aux gens de découvrir ce monde-là. Ce n'est pas ça, le vrai visage du football. Mais bon, j'ai retrouvé le terrain, c'est le principal.

Tu as vraiment été surpris ? Tu ne pensais pas que le foot business était ainsi ?

● Non. J'avais des images dans ma tête, des gens qui en parlaient. Mais quand ce sont les autres qui en parlent, ça entre ici et ça sort là. Quand ça vous arrive à vous, ce n'est pas la même chose et c'est vraiment un monde à éviter.

On a beaucoup dit qu'initialement, tu souhaitais rester à Monaco une saison de plus. Était-ce vraiment le cas ?

● Oui, bien sûr. Lorsque je finis ma saison, en mai, je suis dans l'optique de rester. Il n'y a rien d'autre dans ma tête. Lorsque je rencontre des coachs, je leur dis que ma priorité, c'est Monaco. Et que si Monaco fait ce qu'il faut, je resterais. Il n'était pas question d'aller voir ailleurs. Ensuite, il s'est passé des choses et j'ai changé ma position. Mais je n'en veux à personne. Je ne sais pas si c'est une qualité mais j'arrive à me mettre à la place des gens. Et peut-être que j'aurais fait pareil qu'eux à leur place.

"J'ai senti qu'à Paris, j'aurais plus de chances qu'à Madrid."

Pourquoi Paris plutôt que le Real Madrid ?

● Parce que cela me permettait de continuer à progresser et de jouer. Moi, ce que je veux, c'est jouer. Donc à partir du moment où ce que vous voulez, c'est jouer, vous allez dans un club qui vous permet de le faire. C'est tout.

Au Real, tu n'aurais pas eu la certitude de jouer ?

● Ce n'est pas une question de certitude car on n'a jamais de certitude. Ce sont des conneries, ça. Personne ne va écrire sur votre contrat que vous êtes assuré de jouer, ici, là ou là. Mais j'ai senti qu'à Paris, j'aurais plus de chances qu'à Madrid.

Tu aurais pu jouer au FC Barcelone, à Manchester City…

● Oui, mais je suis français et j'ai choisi un club français. Cela devrait réjouir les gens de garder un bon joueur dans le Championnat. Qui plus est dans la meilleure équipe du Championnat.

Au printemps 2017, tu avais l'image du garçon parfait – bien élevé, poli, qui s'exprime bien – et puis, pendant l'été, tu as parfois été considéré comme un mauvais garçon. Cela t'a-t-il blessé ?

Fly
QNB

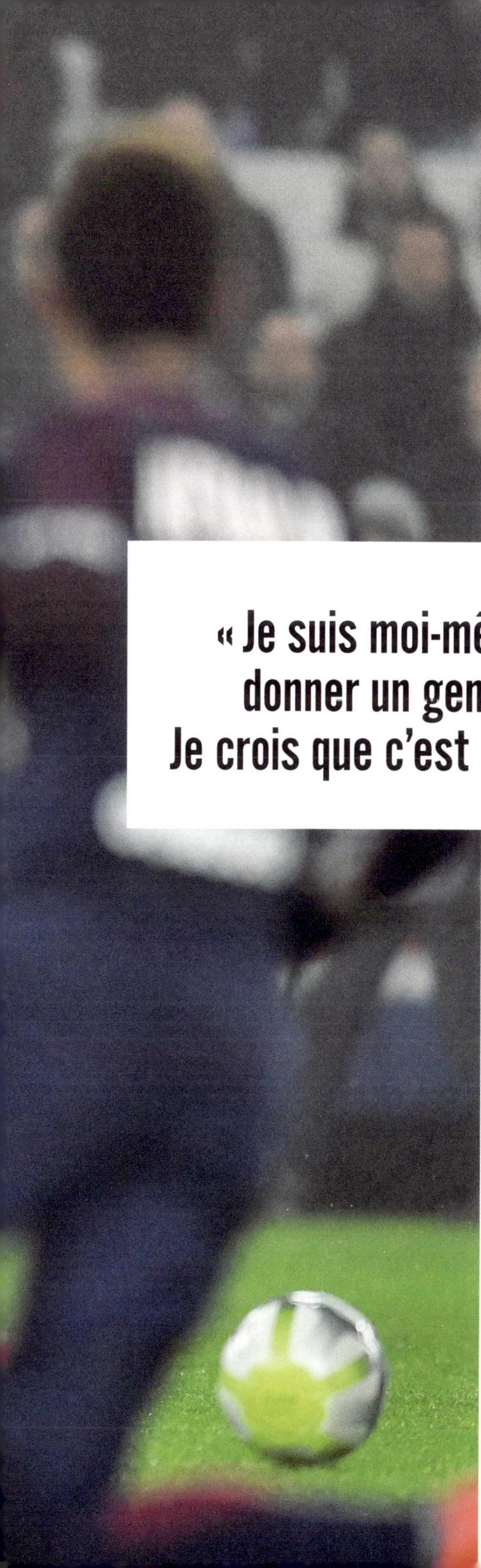

Non. J'étais préparé à cela *(le très haut niveau)*. Et quand vous êtes préparé à quelque chose, vous êtes préparé au meilleur et au pire. Si vous acceptez que l'on dise de vous que vous êtes le meilleur, vous devez accepter que l'on dise de vous que vous êtes la pire des ordures, même si, là, je vais dans l'extrême. Cela a été une étape comme une autre. Cela ne me tracassait pas plus que ça. Non, franchement. Là où j'ai vraiment eu du mal, c'est quand on m'a dit que je ne jouerais plus. C'est là où j'ai été en difficulté. Là, oui, je me suis dit : "Ah oui, quand même, ça va jusque-là." Parce que moi, je voulais vraiment jouer et aider l'équipe jusqu'au bout. Mais les critiques, franchement, je passe par-dessus. Ce n'est pas la dernière fois que je me ferai critiquer.

« Je suis moi-même, je n'essaye pas de me donner un genre. Je viens comme je suis. Je crois que c'est cela que les gens aiment. »

Un jour, en zone mixte, après un match de l'équipe de France, tu as dit, alors que l'on t'interrogeait sur ta spontanéité : "En tout cas, cela a l'air de vous plaire." As-tu l'impression de plaire toujours autant ?

Je suis moi-même, je n'essaye pas de me donner un genre. Je viens comme je suis. Je crois que c'est cela que les gens aiment. Si je ne suis pas content, je viens et on voit que je ne suis pas content. Si je suis content, pareil. Je ne fais pas de cinéma, ni au niveau de mon visage ni dans mes mots. Je dis ce que je pense, ce que j'ai sur le cœur, tout en respectant les gens.

On dit souvent que tu es un génie du foot. C'est facile, à l'inverse, de vivre avec ces louanges ?

C'est facile parce que j'ai une idée de moi-même qui me fait dire que j'ai du talent, certes, mais que je dois travailler car je suis encore loin de là où je veux aller. La route n'est pas simple et il y a encore beaucoup de chemin à parcourir. Alors toutes ces louanges, c'est bien mais c'est surtout une force supplémentaire pour continuer à travailler.

Et aller jusqu'où ?

● Je veux devenir un grand joueur. Gagner tous les titres. C'est ça que je veux. Je ne veux pas être un figurant. Un joueur qui a fait ses petites saisons dans le ventre mou du classement. Moi, je veux gagner chaque année.

Quelle est ton premier souvenir du Paris-Saint-Germain ?

● Ah, c'est un club mythique du football français, Paris. Moi, mes premiers repères, c'est l'époque de Ronaldinho *(au PSG de 2001 à 2003)*, les Classiques face à l'OM, son doublé *(le 26 octobre 2002, 3-0)*.

Ce choix du PSG, c'est parce que ce serait encore plus beau de gagner la Ligue des champions avec un club qui ne l'a jamais remportée ?

"Les grands joueurs, ils gagnent partout où ils passent."

● À la base, c'est un projet qui me permet de continuer à progresser tout en restant dans mon pays. C'était important pour moi de ne pas quitter mon pays comme un voleur, entre guillemets. Tu fais six mois et tu t'en vas, ce n'est pas vraiment digne des grands. Les grands joueurs, ils gagnent partout où ils passent. En France, je n'avais pas l'impression d'avoir gagné ce respect qui aurait fait de moi un grand joueur.

La Ligue des champions, c'est le grand objectif du PSG depuis 2011 et l'arrivée des propriétaires qatariens. Tu en rêves ?

● Personne ne peut vous interdire de rêver.

Au-delà du rêve, penses-tu que ce soit possible ?

● Bien sûr que c'est possible. Ça, personne ne peut nous l'enlever. Nous avons une super équipe, des super joueurs, l'un des meilleurs joueurs du monde *(Neymar)*, si ce n'est le futur meilleur joueur du monde. On a vraiment une équipe bâtie pour tutoyer les sommets. Maintenant, sur le papier, c'est bien beau. Il faut prouver sur le terrain.

Fly
Emirates

Il paraît que des vidéos de toi à quatre, cinq, six ans existent dans lesquelles tu décris ton parcours. Tu t'imagines en équipe de France, tu chantes *La Marseillaise* devant un match des Bleus, etc. Tu t'en souviens ?

Bien sûr, oui, cela a fait partie de mon enfance. J'étais un grand rêveur quand j'étais plus jeune. Je rêvais d'être à la place des joueurs que je voyais à la télé. Tous ces souvenirs, je les ai dans la tête et, même si je veux les oublier, il y a les cassettes pour me les rappeler. *(Il sourit.)*

C'était déjà une évidence, déjà à cet âge-là, que tu allais devenir un grand footballeur ?

Un grand footballeur, je ne sais pas, mais footballeur, oui. Je ne voyais pas ma vie tourner autour d'autre chose. Si je n'avais pas été footballeur, j'aurais essayé de passer des diplômes pour entraîner ou faire quelque chose autour du foot. C'est vraiment quelque chose qui me faisait me lever le matin. Quand j'allais à l'école – je n'aimais pas l'école –, je me disais : cela me servira peut-être dans le foot. Tout ce que je faisais, c'était pour essayer d'être le meilleur possible dans mon domaine : le foot.

Il paraît que tu étais doué au niveau scolaire, mais que cela ne t'intéressait pas.

Cela m'a intéressé au début mais, dès que le foot est venu se mettre sur le chemin, j'ai choisi le football. Le foot est plus qu'une passion pour moi. À partir de là, je n'ai pas aimé l'école.

On parlait de ces vidéos alors que tu étais tout jeune. Cela devait faire sourire tes parents, quand même, lorsqu'ils t'entendaient.

(Il sourit.) Oui, mes parents se foutaient un peu de ma gueule, entre guillemets. Ils disaient que j'étais un peu fou. Mais plus ça avançait, et moins ils le disaient. Et maintenant, ce sont eux qui sont dans la mauvaise position. *(Il sourit.)*

On a donc beaucoup parlé d'argent. Tu te souviens de ta réaction lorsque Jirès Kembo, ton grand-frère, est parti jouer dans le Golfe ? Tu avais treize ans et il paraît que cela t'avait beaucoup marqué qu'il fasse un choix purement financier…

"Si je n'avais pas été footballeur, j'aurais essayé de passer des diplômes pour entraîner ou faire quelque chose autour du foot."

C'est vrai, oui. C'était son choix mais moi, je ne l'avais pas accepté. C'était vraiment dur pour moi. Il sortait d'une belle saison à Rennes *(10 buts en 32 matches de L 1, à 24 ans)* et il n'était pas loin de l'équipe de France *(il compte 13 sélections et 3 buts avec les Espoirs)*. Je pensais qu'il pouvait faire quelque chose. J'en ai pleuré, c'était l'amour du frère… À l'époque, je n'étais pas d'accord mais il faut toujours accepter les décisions des gens. Je l'ai soutenu et je le soutiens toujours.

Alain Mboma, un ami intime de ta famille, que tu considères comme ton «tonton», nous a dit : «À cinq ans, il s'amusait à regarder les interviews à la télé et il faisait la même chose après. Il imaginait qu'il répondait à des journalistes. Je pense qu'il se disait : qu'est-ce que Cristiano Ronaldo aurait répondu à cette question ?» Est-ce vrai ?

C'est vrai, oui. Et avec mes amis, après les matches, on faisait toujours des interviews dans le vestiaire, pour rigoler. Chacun se mettait à la place du journaliste puis du joueur. Le métier de footballeur en globalité nous passionnait, en fait. On se mettait dans la peau du joueur pour savoir quelle émotion il pouvait vivre. C'était vraiment une belle enfance. *(Il sourit.)*

Fly
Emirates
29
PARIS
dyneff
Gaz
montpellier
métropole
Sud
de
France

Il revient chez lui

Pour Kylian Mbappé, choisir le Paris-SG, c'est effectuer un pas en avant dans sa carrière professionnelle, un pas en arrière dans son histoire personnelle. Son départ de Monaco est aussi un retour vers sa région d'origine : né dans la capitale, il a grandi à Bondy, une ville de Seine-Saint-Denis à laquelle son nom s'accroche avec force. « Ici, tout le monde le connaît, nous racontait en janvier son père, Wilfrid, alors directeur technique de l'AS Bondy. C'est un des joueurs qui est resté le plus longtemps chez nous avant d'aller dans un club pro. On l'a eu jusqu'au dernier moment, alors que d'autres partent vers douze ans. Si tu as le choix, si tu appartiens à une famille structurée et si, socialement, tu es bien, pourquoi quitter tes proches ? » Si le néo-international a fini par prendre son envol en 2013, l'année de ses quatorze ans, il n'a jamais tranché, depuis, les racines qui le lient à son club de jeunesse.

Au stade Léo-Lagrange, il n'est pas qu'un souvenir, en effet : il est également un présent pour tous les licenciés, chaque fois qu'il revient. Ce fut notamment le cas le 18 mai 2017, lorsqu'il a effectué un aller-retour entre la Principauté et Bondy, au lendemain de l'obtention du titre de champion de France. « Personne ne peut comprendre l'émotion que j'ai aujourd'hui, avait-il soufflé, ce jour-là, en brandissant à plusieurs reprises l'Hexagoal devant ses fans. C'est un sentiment de fierté extrême. C'est la ville que j'ai connue, dans laquelle j'ai grandi, où je me suis développé, où j'ai laissé une partie de moi (...) Ici, je ne suis pas Mbappé, je suis juste Kylian. » Le prénom grille la priorité au nom, pour signifier sa proximité affective avec ce club du 93.

Une présence discrète mais forte

Quand il y revient, il est plus facile à coincer que sur un terrain. « Kylian est resté lui-même, accessible, poursuivait son père. Il va prendre le ballon et s'amuser avec des gamins de quatre ans. Il n'y a pas d'écart entre eux et lui, il va dire bonjour à tous les petits, répondre à leurs questions, jouer

avec eux. Quand ils lui parlent, les yeux, la bouche, tout est ouvert. » Les bras le sont aussi, parfois, afin de recevoir des équipements. « Le sponsor de Kylian nous permet d'avoir des lots, des cadeaux pour des stages, de façon à récompenser les petits, les habiller de la tête aux pieds, ajoutait Mbappé père. On fait aussi une cantine quasiment gratuite, tout ça par le biais de Kylian. » Son action décrit une présence forte, mais discrète : dans les couloirs du stade, il n'y a pas de photos punaisées sur les murs pour retenir ses exploits passés. Les seules images sont celles qui tapissent la mémoire de ceux qui l'ont côtoyé.

“Ici, je ne suis pas Mbappé, je suis juste Kylian.”

« Je me souviens d'une rencontre chez nous contre un concurrent direct en moins de15 ans, rappelle Tonio Riccardi, l'un des éducateurs qui l'ont entraîné, dans la catégorie débutants. On est en train de gagner 2-0 et notre adversaire marque. Sur l'engagement, un coéquipier lui dit : "Kylian, c'est chaud." Il lui répond : "T'inquiète pas, dans deux minutes, j'ai marqué." Il prend le ballon, dribble tout le monde, arrive devant le gardien et le bat d'un ballon piqué. Même en moins de15 ans, il devait jouer à 30 ou 40 % de ce qu'il était capable de faire, il savait que ça suffisait. Sa facilité dans le un contre un était sa grande force et, sur un match, ça nous permettait de faire des différences facilement. On ne l'a jamais bridé, avec Wilfrid. Mais ce n'était pas seulement un dribbleur : il savait tout faire. Il s'agissait d'un crack. »

Difficile de trouver un duo plus complémentaire

C'est avec ce statut, à confirmer, qu'il débarque au PSG, qui le piste depuis son enfance. « Il a toujours été en avance, juge Tonio Riccardi. Il avait tout compris avant tout le monde. Sa force était le dribble mais, à onze ans déjà, il faisait les bons choix : s'il fallait décaler un ballon en une touche avec un mec parti dans la profondeur, il le faisait. Je n'ai pas entraîné plus fort que lui. On a eu de bons joueurs ici, comme Jonathan Ikoné (prêté par le PSG à Montpellier), d'autres de la génération 1999 qui sont partis dans des centres de formation. Mais je n'en ai pas vu un autre comme lui, pas un. »

Face à Liverpool en 2018, lors de sa deuxième campagne européenne avec le PSG. Venu à Paris pour remporter la Ligue des champions, Mbappé va subir deux échecs en huitièmes de finale : en 2018 contre le Real Madrid et en 2019 contre Manchester United.

> "Je n'ai pas entraîné plus fort que lui. On a eu de bons joueurs (à Bondy), mais je n'en ai pas vu un autre comme lui, pas un."
>
> Tonio Ricardi

Fly
mirates
Standard
Chartered
LFC
RESPECT

MBAPPE
10

Contre les Pays-Bas,
le 9 septembre 2018,
Mbappé ouvrira le score
de la rencontre (2-1).
Un an plus tôt, il avait inscrit
son premier but en équipe
de France contre ce même
adversaire.

7 – Son adaptation

2017-2018

“Je n’avais pas prévu tout ça…”

Si tu ne devais retenir qu’un jour au PSG depuis ton arrivée, ce serait lequel ?
Le premier, celui de la présentation (le 6 septembre 2017). Ce jour-là, j’ai un peu basculé dans une autre dimension. J’avais l’impression de traverser une rivière et de changer complètement de monde. On m’emmenait dans un autre univers, totalement inconnu. J’étais un peu comme une rock star avec tous ces supporters qui t’accueillent et le monde entier présent à la conférence de presse.

Est-ce que cela t’a un peu effrayé sur le coup ?
Non, même pas. C’était surtout de l’excitation. Et j’étais curieux de découvrir tout ça. Ça met forcément une grosse pression. Je me suis

PARIS
MBAPPÉ
29
LFP

dit que dès le premier match (face à Metz, 5-1), il allait falloir marquer les esprits. Et c'est ce que j'ai fait. C'était important pour embarquer d'entrée les gens avec moi.

Parfois, tu ne rêves pas simplement de tranquillité, de ta vie d'avant ou de celle de tes copains d'enfance ?
Un peu. C'est vrai que je ne peux plus trop faire de choses normales.

Quoi, par exemple ?
Je ne peux plus sortir à l'improviste avec des amis dans la rue et m'arrêter prendre une petite boisson en terrasse quand il fait beau. Mais ce sont les risques du métier… Je les accepte car c'est ce que j'ai voulu. Il faut donc prendre tout ce qui va avec.

"Je n'ai pas eu le temps de faire des bêtises d'ado."

Qu'est-ce qui est le plus dur de s'interdire pour un garçon de ton âge ?
Les choses simples de la vie. Le fait d'être devenu si vite un bon joueur m'a fait louper plein de choses de la vie classique d'un adolescent normal. Plus tard, je ne pourrai même pas raconter à mes enfants mes bêtises d'ado car je n'ai pas eu le temps d'en faire. Ils me demanderont sans doute pourquoi. Et je leur dirai que, à dix-huit ans, je jouais déjà au PSG et que là-bas, on ne peut plus faire de bêtises. C'est mon seul petit regret.

Ne regrettes-tu pas finalement d'avoir été obligé d'être sage trop tôt ?
Même si c'est quelque chose après quoi je courais et que j'adore, je crois que je suis peut-être tombé en effet trop tôt dans le monde professionnel. À seize ans, t'es encore un gamin. À partir du moment où tu signes pro, c'est fini, tu ne peux plus être un gamin. Tu dois te comporter comme un adulte, réfléchir comme un adulte, agir comme un adulte. À seize ans, ce n'est pas évident. Moi, je voulais encore faire des bêtises, faire un peu n'importe quoi, me faire gronder… Mais en pro, ce n'est plus possible. Tu dois être responsable et autonome. Sinon, tu restes sur le côté.

Cette période a-t-elle été compliquée à gérer ?
Oui, parce qu'on te demande plein de trucs qui ne sont pas de ton âge. On me disait, par exemple, d'aller en soins ou en interview alors que moi j'aurais préféré jouer à la console avec mes copains ou aller rigoler à la foire avec eux. Mais l'amour du foot finit par prendre le dessus. Si je n'étais pas amoureux du foot, jamais je n'aurais accepté tout ça. J'aurais dit : « Laissez-moi, je veux jouer tranquille dans un petit club de Ligue 1 histoire de bien gagner ma vie. » Mais il faut savoir ce que l'on veut. Si je suis parti de la maison à douze ans avec des rêves plein la tête, ce n'était pas pour abandonner en chemin.

C'est vrai que certains retours à l'INF Clairefontaine, le dimanche soir après un week-end en famille, étaient compliqués ?
Oui, la première année, surtout de novembre à février. Souvent, j'aurais bien aimé qu'ils appellent pour dire : « Reste chez toi, demain, jour férié ! » Là-bas, il faisait super froid dans les chambres même s'il y avait du chauffage. C'était dur de quitter son petit confort chaque dimanche soir. Mais ça nous préparait bien.

Franchement, avec un peu de recul, ton ascension expresse ne t'a-t-elle pas semblé un peu trop facile malgré tout ?
Je peux comprendre qu'aux yeux de certains ça paraisse facile, car je suis sorti de nulle part et

j'ai tout de suite marqué en Ligue 1, en Ligue des champions... Ça peut sembler aisé comme ça mais ce n'est vraiment pas le cas. Dans le football, pour vous imposer, vous devez faire face à plein de complications. Il y a le terrain, bien sûr, mais aussi la pression médiatique, les petits problèmes extra-sportifs... Ça n'a rien de facile, surtout maintenant à Paris où la pression des résultats et de tout gagner est largement supérieure à celle qui existait à Monaco.

Quand on doit en plus apprendre la célébrité, c'est quoi le piège principal à éviter?

Toutes les tentations qui rôdent. En fait, vous avez tout mais vous ne pouvez rien faire! Comme tout est surmédiatisé, il faut faire attention à l'image que l'on renvoie. Comme c'est compliqué de faire admettre que l'on peut gagner beaucoup d'argent mais vouloir aussi continuer à s'amuser, alors il faut faire attention. Moi, je m'amuse surtout pendant les vacances. Je rattrape toute l'année.

Plus jeune, il paraît que tu pleurais souvent à la moindre contrariété...

Je faisais beaucoup de crises de nerfs, c'est vrai. J'étais colérique car je ne trouvais pas toujours les solutions tout seul. Maintenant, ça va mieux de ce côté-là, j'arrive mieux à analyser.

C'était quand la dernière fois?

Ça fait longtemps que je n'ai pas pleuré. Depuis que je suis pro, ça ne m'est plus jamais arrivé. En même temps, il s'est produit tellement de bonnes choses pour moi depuis quelques mois...

Quand on "pèse" 180 M€, joue-t-on toujours avec la même légèreté?

Franchement? Moi, je me sens encore plus léger qu'à Monaco. À Paris, le plaisir continue de dominer. Je m'éclate dans cette équipe à pratiquer ce jeu plutôt porté vers l'avant. Le jour où je ne m'amuserai plus sur un terrain, il y a des choses que je ne tenterai plus. Moi, j'avoue, dans la vie, je ne suis pas un gros travailleur. Ceux qui parlent de «sacrifices» à faire tout au long d'une carrière, je ne comprends pas trop. Pour moi, le vrai sacrifice, ce serait de me lever tôt le matin pour aller bosser. Ça, je ne sais pas trop si pourrais le faire parce que je ne suis pas un gros travailleur. Je suis juste un amoureux du foot.

On fait comment à dix-huit ans pour supporter la pression et ne pas péter les

plombs ? Quelles sont tes soupapes de décompression ?

Comme je ne peux pas trop sortir, je ramène plein d'amis à la maison. On joue aux cartes, on rigole, on pense à autre chose que le foot. Ce sont les seuls moments où je peux me comporter comme un garçon de mon âge. On se fait des challenges du style : « Qui est capable de faire ça sans que papa et maman le voient ? » Des trucs d'enfants de mon âge, quoi.

Elles sont indispensables ces journées sans foot ?

Sans foot ? Impossible. J'y reviens toujours. Je suis peut-être allé une fois à Disneyland en famille, mais le soir on s'est fait un match de foot à la télé. Moi, le foot, c'est ma vie. Et quand j'ai entraînement, je ne suis jamais chez moi avant 16 h 30. Mon père m'appelle parfois pour me dire : « Faut rentrer maintenant. » *(Il rit.)*

Que te dis-tu tous les matins non pas en te rasant mais en te levant ?

« Je vais encore faire du foot aujourd'hui, quelle chance ! Je ne me lève pas pour aller écrire ou compter mais pour taper dans un ballon. » Quand je suis dans la voiture qui me conduit à l'entraînement (puisqu'il n'a pas son permis, le PSG a mis à sa disposition un chauffeur qui vient le chercher et le ramener à son domicile à chaque séance au Camp des Loges), je suis toujours de bonne humeur. Un peu comme si je prenais conscience de vivre un peu un rêve éveillé.

L'une de tes caractéristiques, ou marques de fabrique, c'est le sourire que tu affiches constamment. A contrario, sais-tu pourquoi autant de joueurs font la gueule sur un terrain ?

Je pense que certains sont carrément tétanisés par les enjeux, la pression. D'autres ne sourient pas trop car ça fait également partie de leur caractère, comme Cavani alors qu'il est super content d'être sur le terrain, j'en suis certain. Tant qu'il n'a pas marqué, il ne se relâche jamais. Il est à fond dans sa concentration. Moi, j'ai une approche un peu différente. J'ai dix-huit ans, je joue au PSG, j'ai déjà gagné des titres, je marque des buts. Et il faudrait que je fasse la tête ?

En octobre, au moment de la publication de la liste des trente nommés pour le Ballon d'Or, tu nous avais dit qu'une place dans les vingt serait « inimaginable ». C'était de la fausse modestie ou une manière de te protéger d'une mauvaise surprise ?

Non, je le pensais vraiment. Moi, j'ai beaucoup de respect pour les très grands joueurs. Peut-être trop. Même si mon année 2017 a été parfois meilleure que celle d'autres très grands, je ne m'imaginais pas si haut (septième). Sur les vingt-neuf autres présents dans la liste, je ne les apercevais qu'à la télé il n'y a encore pas si longtemps. Et maintenant je suis parmi eux. Je sens que j'ai un peu changé de statut.

> **“Pour moi, le vrai sacrifice, ce serait de me lever tôt le matin pour aller bosser.”**

À quoi le vois-tu ?

Déjà, avant les grands matches, désormais on me demande toujours si je vais bien, si je suis prêt. Tout le monde est aux petits soins. Entraîneur, coéquipiers, membres du staff… Comme je passe maintenant pour un joueur qui peut faire la décision, on fait plus attention à moi. Même à l'entraînement, ce n'est plus pareil. On me surveille, on me demande si la charge de travail n'est pas trop importante, si elle est bien adaptée à mes besoins ou à ma forme du moment. Avant, je n'avais pas le droit à toutes ces attentions quand j'étais sur le banc. *(Il sourit.)* Remplaçant, on te demande juste de faire tes preuves. T'es bon, tu auras peut-être une autre chance de jouer, tu n'es pas bon,

tu retournes sur le banc. Forcément, pour moi, le changement a été assez brutal. Car ce statut de remplaçant qui a tout à prouver, il n'est pas si ancien. C'était juste hier.

Quand a eu lieu la bascule et t'es-tu rendu compte que l'on commençait à te protéger ?
À partir du mois de mars 2017, à Monaco. Après les matches face à City (en huitièmes de finale de C1, il inscrit un but à l'aller, 5-3, et un autre au retour, 3-1), j'ai enchaîné quatre-cinq buts. J'ai vu et compris que tout changeait autour de moi. La bulle médiatique a également explosé.

Un top 10 au Ballon d'Or, c'est un peu comme une entrée dans une académie de grands ?
Bien sûr ! Quand je l'ai appris, je me suis dit : « Je suis dedans ! Maintenant, ils peuvent compter sur moi. » Une place dans ce top 10, c'est une place parmi les très grands. Mais il y a une telle concurrence tout en haut que tu ne peux pas seulement t'en contenter. Au moindre coup de mou, il y en a plein d'autres qui sont là pour prendre ta place. Et tu es vite oublié.

Sais-tu qui a mis le moins de temps entre sa première apparition dans la liste du Ballon d'Or et une victoire ?
Le Brésilien Ronaldo ?

Oui. Il a mis deux ans (dans la liste en 1995 et vainqueur en 1997).
À quel âge ?

Il avait vingt et un ans... Battre des records, c'est un vrai moteur ?
Bien sûr que j'aime ça ! Ce n'est pas une obsession, mais j'adore me fixer des objectifs très, très hauts. Ça m'aide à avancer et à savoir où je veux vraiment aller. C'est une petite lumière que tu vois au loin et vers laquelle tu essaies de te diriger.

Toi qui programmes tout, je suis certain que tu as déjà prévu l'âge de ton premier Ballon d'Or. Je me trompe ?
(Il réfléchit...) En fait, plus que le Ballon d'Or, ce sont les titres avec l'équipe que je vise. Car on ne donne pas le Ballon d'Or à un joueur qui ne fait pas gagner quelque chose de grand à son équipe. Un Ballon d'Or, c'est tout, sauf un hasard.

"Pendant la Coupe du monde, Neymar n'arrêtait pas de m'envoyer des messages..."

C'est quoi la différence entre l'ambition et la prétention ?
L'ambition, c'est l'endroit vers lequel on se sent capable d'aller. La prétention, c'est plutôt de se vanter de viser des choses qui ne sont pas du tout à ta portée, qui ne sont pas pour toi. Au fond de nous, on sait tous de quoi on est capables.

De quoi te sens-tu capable ?
Pour être honnête, je ne sais pas trop... En fait, je ne sais plus trop. Je m'étais fait un peu des plans pour ma carrière. Mais comme rien ne s'est passé comme prévu et que je me trouve

déjà beaucoup plus haut que je ne l'imaginais il y a encore quelques mois, c'est un peu difficile de se projeter. Où j'en serai dans deux ans? Franchement, je ne sais pas... Mes débuts assez particuliers en pro m'ont fait changer tous mes plans. Je n'avais pas prévu tout ça, comme d'être le septième meilleur joueur du monde en 2017, par exemple.

Après quelques ratés avec le PSG, notamment lors du match face à l'OM, tu as découvert le jeu de la critique sur le thème «il est suffisant», «il se prend pour Neymar»... On fait comment pour se blinder?

Autant, à mes débuts, j'avais du mal à prendre les critiques comme la plupart des footballeurs, autant là j'en étais fier.

Possible de développer cette drôle de thèse?

Quand j'ai commencé à entendre: «Ça fait déjà deux matches que Kylian n'a pas marqué», je me suis dit: «Ah ouais, ça c'est une attente digne des grands joueurs!» Il ne faut pas se mentir: on ne met pas autant de pression sur n'importe quel joueur au bout de deux matches sans but sinon tous les journaux de foot seraient très épais, hein ? (Il rit.) Alors, franchement, quand certains ont commencé à douter et que c'était en train de devenir une « bombe nationale », moi, ça m'a plu. Là, je me suis rendu compte que j'avais franchi un palier. Plus de 90 % des footballeurs passent beaucoup plus de deux matches sans marquer et on ne leur dit rien. Moi, j'accepte le challenge car cela va avec le statut que j'ai envie d'aller chercher.

Même pas déstabilisé ?
Pas du tout. Peut-être que je prendrai mal d'autres critiques, mais pas celles-là.

Qu'est-ce qui pourrait t'atteindre ?
Que l'on s'attaque à mon éducation. Ça, c'est la seule chose qui pourrait me vexer. Le reste, ce n'est que du foot et ça fait partie du métier.

« Le peu de morale que je sais, je l'ai appris sur un terrain. » (Albert Camus). Toi aussi ?
C'est vrai que sur un terrain tu apprends beaucoup de la vie. Moi, je me suis beaucoup construit dessus, en regardant, et en faisant des erreurs aussi. Mais, derrière, il te faut aussi un vrai cadre familial pour tout encadrer. Et moi, j'ai eu la chance d'en bénéficier d'un très solide.

Cela te gêne-t-il de passer parfois pour le petit intello du milieu ?
Parce que j'aligne deux mots pour répondre, je serais super intelligent ? Je trouve ça ridicule. Parce que quelques-uns ne parlent pas trop bien, les médias sont peut-être contents de trouver un joueur qui s'exprime juste normalement. Mais il y en a plein qui parlent comme moi dans le foot.

Ça reste important de bien communiquer ?
Évidemment ! Mais la com, ce n'est que l'enveloppe. Si ton noyau, le terrain, n'est pas bon, la plus belle com du monde ne sert à rien. Si c'est ta priorité de bien communiquer, change de métier et deviens responsable marketing !

As-tu un exemple de bon communicant dans le foot, quelqu'un qui arrive à faire passer les bons messages ?
Moi, j'aime bien la manière dont Zinédine Zidane s'exprime. Il ne dit jamais un mot plus haut que

l'autre et n'enterre jamais personne. Il est très respectueux sans être fade.

Es-tu à l'aise dans ce milieu superficiel ?
Oui, car, depuis le début, j'ai su prendre mes distances, je crois.

Comment fait-on pour s'intégrer dans un vestiaire rempli de stars aux ego parfois boursouflés ?
Moi, je suis arrivé tranquille, naturel, en restant à ma place. Comme j'aime bien aller vers les autres, ça n'a pas été un gros effort. Mais il faut faire preuve de respect aussi par rapport aux joueurs qui sont là, à ce qu'ils ont déjà fait dans leur carrière, par rapport aussi à leur âge car il

y en a dans ce vestiaire qui pourraient être mes parents. *(Il s'esclaffe.)* Je n'allais pas débarquer le premier jour et taper dans le dos de Dani Alves en lui disant : « Ça va mon pote Dani ? » Il fallait y aller en douceur.

“Parce que j'aligne deux mots pour répondre, je serais super intelligent ? Je trouve ça ridicule.”

Et avec Neymar ?

Avec lui, c'est différent. Il m'a tout de suite pris sous son aile et m'a intégré. Il m'attendait, en fait. En fin de mercato, il n'arrêtait pas de m'envoyer des messages : « Tu arrives quand ? » Je lui répondais : « Attends, j'arrive. » Mais comme ça a traîné un peu, il a dû se dire : « Il m'a menti, il ne viendra pas. » Dès que je suis arrivé, il a tout fait pour me mettre à l'aise. Sur le terrain, il me cherchait beaucoup, me faisait pas mal de passes. Quand un joueur

“J’ai déjà mes petits plans dans ma tête : j’aimerais commencer à coacher dans des clubs où je suis passé, comme à Monaco ou Paris.”

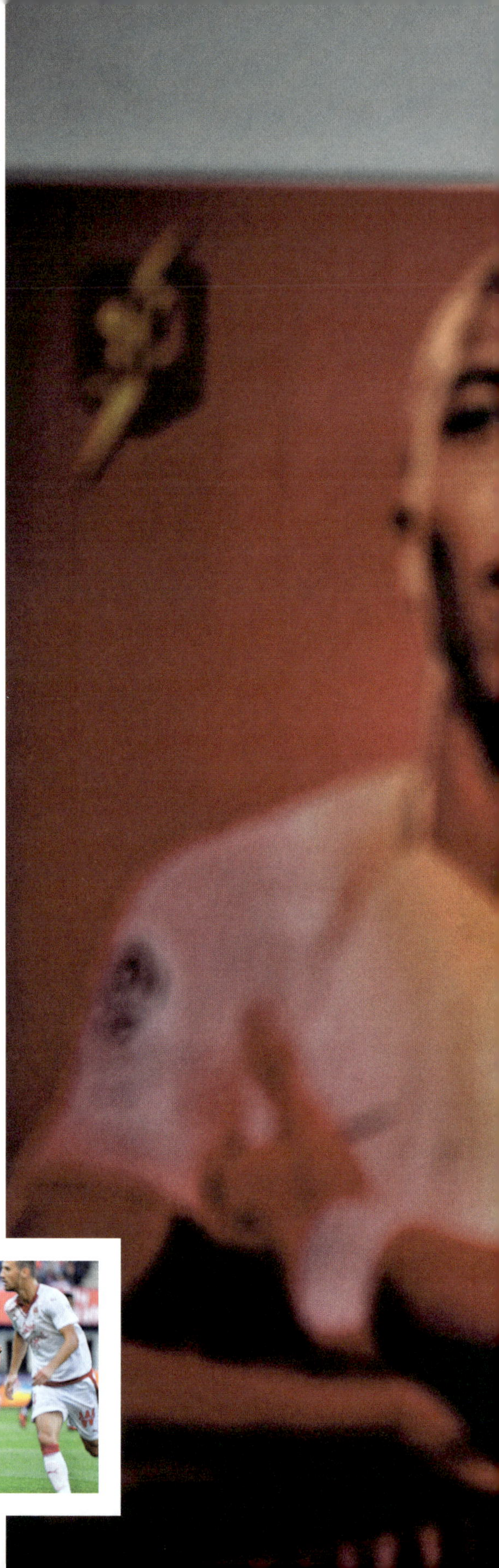

comme ça t’accueille de cette manière, forcément ça aide d’entrée à t’intégrer dans le vestiaire.

Comment a évolué votre relation à tous les trois avec Cavani et Neymar ?
On a fini par trouver assez vite une certaine complémentarité entre nous trois. Mais il n’y a rien de prédéfini. Il y a des matches où je vais jouer plus avec Cavani, d’autres où ce sera plus avec Neymar. On forme un vrai trio avec de plus en plus de complicité sur le terrain. C’est ce qui fait notre force.

Tu aurais aimé faire quoi si tu n’avais pas réussi à percer comme joueur ?
Entraîneur ! Moi, je ne me voyais pas ailleurs que dans le foot. Et après ma carrière, je suis certain que je finirai sur un banc. J’imagine que ce doit être trop dur et brutal d’arrêter du jour au lendemain. J’aimerais faire ça par étape et passer sur les bancs avant de complètement quitter le foot. La «mort» sera plus lente. J’ai même déjà mes petits plans dans ma tête : j’aimerais commencer à coacher dans des clubs où je suis passé, comme à Monaco ou Paris.

Avant ça, tu te vois où et comment dans dix ans ?
Dans la meilleure équipe du monde ! Si c’est le PSG, alors je serai peut-être toujours ici.

8 – Sa Coupe du monde

2018

“On avait tout pour aller au bout”

Tu as pensé à quoi, à qui, au coup de sifflet final face à la Croatie ?
Je n'ai pensé à personne, mais à une seule chose : la coupe ! J'allais enfin pouvoir la toucher, la prendre, la soulever. C'est juste pour ça que j'avais autant travaillé au cours des dernières semaines. Et j'étais pressé de la brandir même si, il faut être honnête, cela faisait quelque temps que je m'étais fait à cette idée.

MARSEILLE
COACH, LE JOB IMPOSSIBLE
FABREGAS
ÇA VAUT QUOI ?
LE FOOT EN
2030
france football
PELÉ
L'hommage à Mbappé
EXCLUSIF

Depuis combien de temps ?
Moi, depuis le début, j'étais convaincu que l'on avait tout pour aller au bout. Je l'avais même dit bien avant l'entame du tournoi, et certains prenaient ça pour de l'arrogance alors que c'était juste de la confiance. Et plus on a avancé dans la compétition, plus ça devenait presque une évidence car on montait en puissance. Au sein du groupe, on était très sûrs de notre force. Quand tu passes plus de cinquante jours ensemble, tu ne peux pas faire semblant.

PHOTO
296
PHOTO
983

POLICE
EV-693-AV

"Pour y arriver, on s'est donné tous les moyens. On a souffert, notamment durant la prépa, qui a été très dure."

À partir de quand t'es-tu dit: « Ça ne peut pas nous échapper »?

Après le match de l'Uruguay, j'étais persuadé qu'on irait au bout. Bien sûr, c'est l'Argentine l'élément déclencheur de notre ascension. Mais le quart contre l'Uruguay a été le révélateur de notre force car on les a battus sur leurs points forts: ils étaient super habiles sur coups de pied arrêtés avec Godin, Suarez, Cavani et on marque sur un coup de pied arrêté (Varane). C'est aussi une équipe très dangereuse sur les attaques rapides et on marque sur une attaque rapide (Griezmann). Comme on les a tués sur leurs propres atouts, on s'est dit: «Ouais, là, on va rentrer avec!»

***L'Équipe* a révélé que tu as disputé la demi-finale et la finale amoindri. Pourquoi l'avoir caché?**

Ça fait partie du jeu. Quand je me suis bloqué tout seul trois vertèbres la veille du match face à la Belgique, je n'ai pas paniqué. Grâce au super boulot de notre ostéo (Jean-Yves Vandewalle), j'ai

"Je pense que 70 % des footballeurs, après une victoire en Coupe du monde, se disent que c'est la fin, la consécration. Pas moi. Je crois que c'est juste une nouvelle carrière qui commence maintenant."

pu retrouver 70 % de mes moyens. L'essentiel, en fait, était de ne surtout pas alerter nos adversaires car ils auraient pu en profiter pour m'attaquer sur cette zone sensible. C'est pourquoi, avec le staff et les joueurs, on a tout caché. Même pour la finale. Faut pas croire qu'une Coupe du monde se gagne tranquillement. Il faut aussi savoir serrer les dents… et ruser.

On dirait que cette génération est sans complexe et habitée par une espèce de mentalité à l'américaine où tout est vite possible…

Au départ, personne ne voulait trop assumer cette ambition, mais, moi, cela ne me faisait pas peur de le dire : bien sûr que le groupe partait pour gagner. C'était bien plus que des paroles pour donner de l'espoir. J'y croyais à fond. Pour y arriver, on s'est donné tous les moyens. On a souffert, notamment durant la prépa, qui a été très dure. C'est pour ça aussi que durant les premiers matches on était un peu émoussés.

À t'entendre, ce sacre était une évidence. Est-ce pour cette raison que l'on ne t'a pas vu exulter sur la pelouse du stade Loujniki ?

Ce n'était pas de la pudeur car si j'avais dû pleurer de joie, je l'aurais fait, il n'y a aucune honte. Mais les larmes ne sont pas venues… Peut-être parce que je l'avais vu arriver depuis plusieurs semaines, je n'étais pas si étonné, en fait. On accomplissait un truc qui me semblait normal, presque prévu. Je m'y étais préparé. Mais j'étais super fier et heureux, hein ! Dans ces cas-là, il faut aussi respecter l'adversaire. Les Croates étaient à cinq mètres de moi quand j'attendais pour recevoir mon trophée (de meilleur jeune du tournoi). Je n'allais pas crier sur tous les toits.

Au moment où Hugo Lloris brandit la coupe, qu'est-ce que tu te dis malgré tout ?

« Ça y est, ça, c'est fait ! Tu es champion du monde. » Mais j'avoue que, le soir même, je me projetais déjà sur la prochaine Coupe du monde. L'émotion et les sensations sont tellement fortes que tu as envie d'y goûter de nouveau le plus vite possible. Je veux revivre ça ! 2022, ce n'est pas si loin… Moi, ce qui me plaît, c'est de gagner, gagner. Plus tu gagnes, plus tu as envie de gagner encore. C'est une obsession qui m'a toujours fait avancer. Je n'ai pas du tout envie de me reposer sur mes lauriers. Je pense que 70 % des footballeurs, après une victoire en Coupe du monde, se disent que c'est la fin, la consécration. Pas moi. Je crois que c'est juste une nouvelle carrière qui commence maintenant.

C'est également une question d'âge, non ?

Forcément. Si j'avais bossé toute ma carrière et que je décrochais ce titre vers trente-deux ou trente-trois ans, certainement que je n'aurais peut-être pas le même discours. Mais là, c'est une étape dans ma progression. Il m'avait fallu confirmer après mes premiers exploits en Ligue des champions avec Monaco. Il m'a fallu confirmer après mon transfert. Maintenant, il faut encore confirmer cette montée en puissance.

Après le coup de sifflet final, on met combien de temps avant d'atterrir ?

Moi, j'ai atterri assez vite parce que je savais depuis le début pourquoi je venais en Russie. Après le match, je me souviens avoir vu défiler toutes les images des sacrifices réalisés, depuis que je suis dans le foot, dont certains qui remontent à longtemps, longtemps… Le seul truc que j'ai eu un peu de mal à réaliser c'est lorsque nous sommes rentrés à Paris. Dans notre bus à impériale, c'était impressionnant avec tout ce bruit et ces gens. Je regardais et je me disais : « Ce n'est pas possible, ils ne sont pas tous venus pour nous ? » Mais, en dehors de ce défilé, je ne me suis pas laissé surprendre. J'étais venu pour la coupe et je repars avec.

Sais-tu dans les bras de quel joueur tu es tombé après le coup de sifflet final ?
(Il réfléchit plusieurs secondes…)

Ousmane Dembélé.
Ah oui, c'est vrai. C'est mon ami. On a à peu près le même âge, les mêmes centres d'intérêt. Je l'avais soutenu lors de ses débuts compliqués à Barcelone. Et quand, moi, à mon tour, j'ai connu un petit passage difficile à Paris, il m'a beaucoup appelé. On a des liens forts.

À quoi ressemble un vestiaire de champions du monde ?
Ça n'avait rien de trop intime car il y a vite eu les présidents qui sont arrivés : Poutine, Macron, Infantino… On a fait notre cri de guerre, il y a du champagne qui a volé et ç'a aussi beaucoup crié. Moi, j'ai tout regardé pour ne rien perdre. Dans ces moments-là, je n'aime pas prendre mon téléphone pour envoyer des messages ou faire des vidéos. C'est une perte de temps, il faut profiter de ces instants uniques. Ça, je ne le fais qu'après, une fois que je suis lavé et rhabillé, dans le bus, au calme.

Que t'a dit Emmanuel Macron ?
Il m'a félicité et m'a dit qu'il espérait que ça dure pour les quinze prochaines années. Sur le ton de l'humour, il a même réussi à placer qu'il faudrait que j'aille jouer un jour à Marseille. Je lui ai répondu que c'était irréalisable !

Qu'est-ce qui unit ou réunit un groupe composé de tempéraments aussi différents que ceux de Lloris, Kanté, Pogba ou Mendy ?
Le respect. C'est un vrai groupe avec une super ambiance et une belle mentalité. Les jeunes ont apporté leur insouciance, mais ont toujours su rester à leur place. On a toujours respecté le statut des aînés, pour tout ce qu'ils ont pu faire avant pour la sélection. À l'arrivée, si ça marche aussi bien, c'est également parce que les plus anciens ont tout fait pour nous intégrer, nous, les plus jeunes.

L'image renvoyée du groupe qui vivait bien n'est pas qu'un cliché pratique ?
Non, vraiment pas. Ce n'était pas pour cacher des problèmes. On s'entend tous vraiment bien. Si ça n'avait pas été le cas, après cinquante-cinq jours passés en commun, vous croyez qu'on serait encore restés ensemble si longtemps en soirée après le défilé sur les Champs ?

Ta Coupe du monde aurait-elle été la même si aucun de tes potes – Dembélé, Mendy et Thauvin – n'avait été présent ?
Sur le terrain, oui. Car, moi, je me suis programmé pour gagner. Mais, en dehors, c'est sûr que ç'aurait été différent car j'ai passé beaucoup de temps avec eux et ils m'ont permis de penser à autre chose en attendant les matches. S'ils font partie de ceux qui ont peu joué, ils ont vraiment été super importants.

C'est le refrain classique que l'on entend souvent à la fin des compétitions…
Je ne vais pas mentir : je disputais ma première grande compétition et j'avoue que je croyais que c'était du vent quand on disait : « Le groupe, c'est important. » Je pensais que l'on avait juste besoin de quatorze joueurs et que les autres étaient là pour faire de la figuration. Quand vous vivez ça de l'intérieur, vous avez une autre perception et vous vous rendez compte que les vingt-trois comptent vraiment. Et s'il y en a un qui lâche en chemin, il peut tuer le groupe. Là, personne n'a lâché ! Le coach a forcément fait en sorte que tout le monde se sente constamment concerné.

À l'image d'Adil Rami ?
Si Adil n'a pas du tout joué, ç'a été l'un des éléments moteurs du groupe. Je ne sais même pas s'il a fait un seul échauffement. Pourtant, je suis convaincu que c'est l'un des éléments les plus importants de l'aventure. Demandez aux vingt et un autres joueurs. Tous vous diront qu'Adil a été très bon dans ce qu'il avait à faire.

C'était quoi son job en dehors du terrain ?
Il apportait sa bonne humeur et son expérience. Dans un groupe aussi jeune, ça faisait du bien. Les

“S’il y en a un qui lâche en chemin, il peut tuer le groupe. Là, personne n’a lâché ! Le coach a forcément fait en sorte que tout le monde se sente constamment concerné.”

PMU

“S’il faut me taper dessus pendant quatre-vingt-dix minutes et que ça permet aux autres d’être tranquilles, pas de problème.”

jeunes l'écoutaient. C'est pour ça que j'avais réagi pour le défendre lorsqu'il m'avait blessé involontairement lors d'un entraînement. Pas de chance, ce jour-là, c'était ouvert à la presse… Quand j'ai vu toutes les critiques s'abattre sur lui, ça m'a fait de la peine car il ne les méritait pas.

Il n'y avait donc aucun élément tordu au sein de ce groupe, aucune erreur de casting ?

En tout cas, moi, je n'en ai vu aucun. Si je peux me permettre, le coach a constitué un super groupe. C'est quelqu'un de très intelligent qui avait tout analysé à ce niveau-là. Il savait qui pouvait apporter sur le terrain, qui pouvait apporter en dehors, qui pouvait apporter sur les deux. La configuration de sa liste a été excellente, sans fautes. Pour gagner une compétition, les super joueurs ne suffisent pas. À la Coupe du monde, il devait y en avoir une bonne trentaine, mais combien sont devenus champions du monde ? Pour aller au bout, il faut une vie de groupe saine. Sinon, il n'y a pas de secret : tu ne feras jamais l'effort pour le copain. À la moindre occasion tu te diras : « Qu'est-ce qu'il me veut celui-là, je ne vais pas aller courir pour lui ! » À l'inverse, quand il existe des vrais liens, tu ne réfléchis même pas et tu te dis : « Tiens, je vais courir pour toi. » Ce n'est pas plus compliqué que ça…

Sur le flanc droit, comment s'est bâtie ta relation avec Benjamin Pavard ?

J'ai essayé d'apprendre à connaître l'homme en dehors du terrain. C'est important de savoir comment fonctionne celui qui va être derrière toi, celui qui va te soutenir. Après, le joueur, je le connaissais. Depuis qu'il a fait son apparition dans le groupe, je l'ai regardé à la télé avec Stuttgart pour bien comprendre son jeu.

En passant presque deux mois avec Didier Deschamps, as-tu le sentiment d'avoir appris quelque chose sur lui ?

Du premier jour où je l'ai rencontré en mars 2017 à ce tournoi en Russie, il a toujours été le même avec moi. Mais j'ai un peu de mal à parler du coach car il a une image tellement froide et à l'opposé de qui il est vraiment… Ce n'est pas le technicien droit dans ses bottes, stoïque, qui ne dit rien. C'est au contraire quelqu'un de très proche de ses joueurs. De tous ses joueurs. Il ne parle pas qu'avec ses titulaires. Il passe du temps avec les vingt-trois. Il a régulièrement passé cinq minutes avec tout le monde. Aussi bien avec Hugo (Lloris), qui a fait six matches sur sept, qu'avec Adil, qui n'en a pas disputé un.

Tu l'avais juste à tes côtés durant les matches en raison de la proximité du banc avec ton couloir…

(Il rigole.) Oui, on a été voisins pendant toute la compétition. On était à cinq mètres l'un de l'autre. Donc, c'est moi qui prenais. J'y ai eu droit à tous les matches. *(Il se marre.)* Et en débriefing aussi (allusion à l'après-match de France-Australie qui avait occasionné une séance collective musclée de Deschamps au cours de laquelle les attaquants, et notamment Mbappé, avaient dégusté). Mais il sait qu'il peut taper sur moi. J'encaisse bien. J'ai compris que c'est pour mon bien et que c'est dans l'intérêt de l'équipe. Et s'il faut me taper dessus pendant quatre-vingt-dix minutes et que ça permet aux autres d'être tranquilles, pas de problème.

As-tu été touché par les critiques en début de compétition ?

Non, parce que je savais comment ça allait finir. Après, je sais que j'ai aussi commis des erreurs. Dès que je me suis concentré à nouveau uniquement sur le terrain, on a vu ce que ç'a donné. Je ne me suis pas inquiété car je m'étais programmé pour gagner. Je savais que les louanges allaient revenir.

Ton nouveau statut peut-il créer un problème de leadership avec Neymar au PSG ?

Non, pas du tout, parce que notre relation est basée sur le respect et l'admiration réciproques. Ça va peut-être surprendre, mais il m'a envoyé un message après chacun de mes matches. Et moi pareil pour les siens. Il m'a dit qu'il était très content pour moi, et je le crois car c'est vraiment un bon mec. Je suis convaincu que pas grand-chose ne va changer au niveau de notre collaboration et de notre cohabitation. Les choses sont claires entre nous. C'est juste dommage que nos plans n'aient pas fonctionné.

Quels plans ?

On avait prévu de se retrouver en demi-finales. Mais comme les Brésiliens n'ont pas pu y aller, ils ont juste eu droit à quelques chambrages, rien de plus.

“Pour gagner une compétition, les super joueurs ne suffisent pas.”

Un air de Pelé

AVANT CELUI DE MBAPPÉ CONTRE L'ARGENTINE, PERSONNE D'AUTRE QUE « LE ROI » N'AVAIT INSCRIT UN DOUBLÉ AUSSI JEUNE EN COUPE DU MONDE. ET LA COMPARAISON NE S'ARRÊTE PAS LÀ...

La montagne a accouché d'un monstre. Enseveli sous ses partenaires, Kylian Mbappé ne peut plus respirer en cette 64e minute étouffante dans la chaleur de Kazan. L'attaquant surdoué vient d'inscrire le troisième but tricolore et son premier dans ce France-Argentine déjà de légende, en montagnes russes et rempli d'émotions fortes. Le long de la touche, tous les remplaçants français se sont précipités sur lui. Il y avait déjà Blaise, Paul, Benjamin et Olivier. Florian et l'autre Benjamin sont venus compléter cette pyramide de bonheur. Les Bleus sortent de vingt minutes de folie en ce début de seconde période, où ils ont été rapidement menés puis ont égalisé sur une demi-volée de velours de Pavard. Le show « Kyky » a alors pu se poursuivre. Un penalty provoqué en première période pour l'ouverture du score de Griezmann, puis ce doublé juste après l'heure de jeu, en moins de cinq minutes chrono, entre la 64e et cette 68e qui resteront dans la grande légende des Bleus en Coupe du monde. L'attaquant parisien a tout bien fait dans cette partie qui a tutoyé l'exceptionnel.

Le petit prince et « le roi »

La différence entre l'histoire et l'anthologie dans les grands matches de football vient souvent des héros d'un autre temps. Il grave leur nom dans le marbre à coups d'exploits pour devenir des mythes. Sous l'éclipse du dieu Messi qui disputait sans doute là son dernier match avec l'Argentine et en Coupe du monde, ce vingt et unième Mondial a vu naître un nouveau phénomène de précocité. Les records sont faits pour être battus mais, à ce rythme, Mbappé n'en aura bientôt plus beaucoup à faire tomber. Déjà plus jeune buteur français en Coupe du monde contre le Pérou à dix-neuf ans et six mois, il a encore fait davantage bouillir les statistiques à l'échelle internationale pour – seulement – son quatrième match de Coupe du monde. Sous le regard de Maradona, qui a vu s'éteindre l'ombre de Messi, le petit prince de Russie a rejoint « le Roi » Pelé dans le fantastique. Les chiffres qui le rapprochent du plus grand joueur de ce sport ont de quoi filer le tournis et projeter le prodige français vers un avenir extraordinaire. « KM » est devenu le plus jeune joueur à inscrire un doublé en Coupe du monde depuis le génie brésilien contre la France en 1958. Le futur « O Rei » avait alors fait mieux avec un triplé en demi-finales, suivi d'un nouveau doublé en finale pour établir son total à six réalisations. Mais le Parisien est largement dans ces temps de passage avec déjà trois buts au stade des quarts. Pelé n'en avait alors inscrit qu'un seul, voici soixante ans, au même moment (face au pays de Galles), avant de lancer la mécanique dans le dernier carré. « Le Roi », lui, n'était même pas majeur (17 ans et 8 mois). Mais sa réputation avait déjà fait le tour du monde.

L'hommage du Brésilien

Son successeur n'a donc mis que quinze jours, un premier tour et ce huitième d'extraterrestre, pour séduire la planète ronde. Pelé n'a attendu que quatre heures et demie après le meilleur match de ce Mondial pour le congratuler en se fendant d'un tweet, à 22 h 24, en cette fièvre du samedi soir à Kazan. « Félicitations Kylian Mbappé. Deux buts dans une Coupe du monde si jeune te placent en bonne compagnie. Bonne chance pour tes autres matches. Excepté contre le Brésil. »

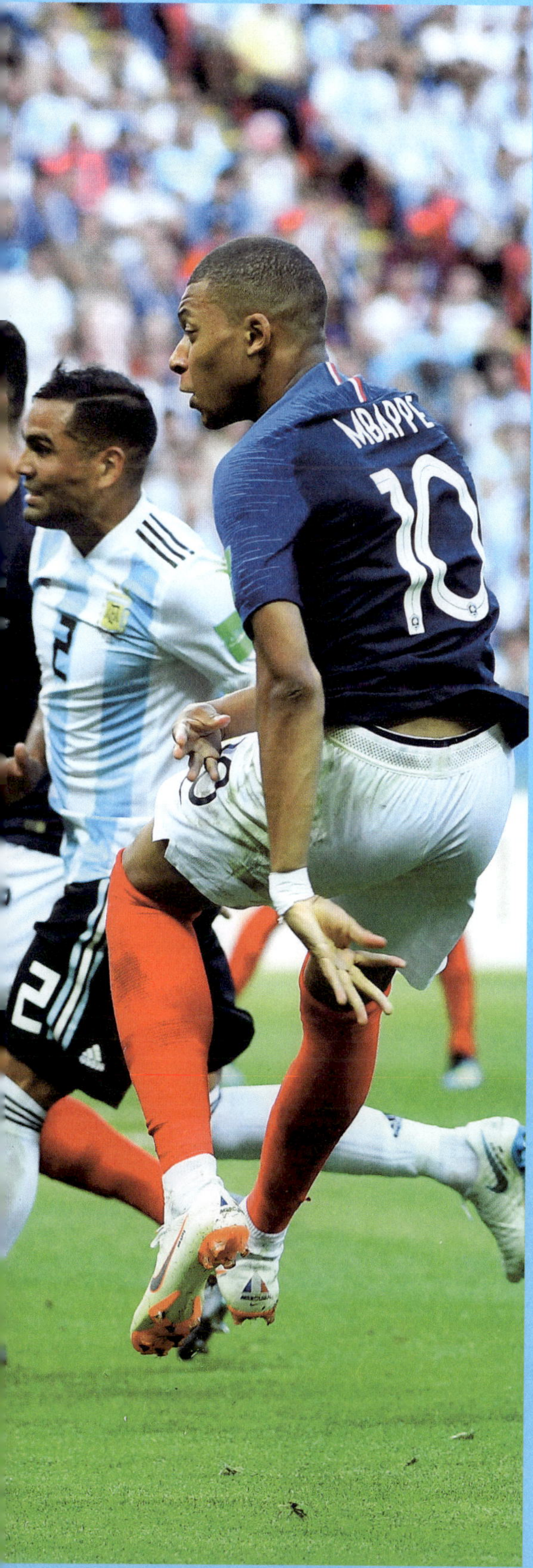

L'affiche pourrait arriver en demi-finales. Pour un affrontement contre Neymar, son coéquipier en club. Mais il faudra déjà se débarrasser d'un autre pote du quotidien parisien avec Edinson Cavani – s'il est remis de sa douleur au mollet gauche survenue après son doublé face au Portugal – à Nijni Novgorod, ce vendredi, face à la redoutable Uruguay. Élu pour la deuxième fois « homme du match », « 37 » (comme le surnomme Florian Thauvin, à cause de sa pointe de vitesse pendant ce huitième de finale) s'est aussi contenté des trois questions de la FIFA pour répandre son bonheur. Il a ensuite et à nouveau snobé les journalistes, comme après le Pérou. « C'est flatteur d'être comparé à Pelé, a souligné le meilleur buteur tricolore. Mais il faut remettre les choses dans leur contexte. Pelé est dans une autre catégorie. C'est bien de marquer dans un match comme celui-là. Comme je l'ai toujours dit, il y a tous les meilleurs joueurs du monde à ce Mondial. C'est l'opportunité de montrer ce que l'on sait faire et d'exprimer ses capacités. Il n'y a pas de meilleur endroit. »

Grizou fait allégeance

« Grizou » n'a pas encore fait allégeance à son « Kyky », mais c'était tout comme dans les couloirs du stade de Kazan. « Il a réalisé un match énorme, s'est fendu le numéro 7 tricolore. On a besoin d'un Kylian à ce niveau pour aller jusqu'au bout. J'espère qu'il va continuer sur cette lancée. Il a cette puissance et cette vitesse qui font qu'il peut aller au terme de toutes ses actions. Ce sera à nous de lui donner les bons ballons. » Le centre de gravité tricolore s'est donc déplacé vers la droite du 4-2-3-1 conforté par Deschamps contre l'Argentine. Si on a vu Mbappé défendre plus dans cette configuration face au Pérou, au point d'être parfois bridé, ce système a prouvé face aux Argentins qu'il pouvait également lui offrir de l'espace et le large, comme sur cette course de plus de soixante mètres à 37 km/h qui a amené le penalty français. « Dans un match comme ça, aussi important, Kylian a montré tout son talent et son potentiel, souligne Didier Deschamps. Et même s'il a dû encore défendre, ça ne l'a pas empêché d'attaquer, et même de très bien attaquer, puis de marquer. On le compare aujourd'hui à beaucoup de monde, mais il a ses propres qualités. Ce n'est pas le Brésilien Ronaldo (champion du monde en 1994, à 17 ans mais sans jouer), Kylian n'est pas dans ce registre-là. Il a besoin de plus d'espaces, même s'il peut également être dangereux en position axiale, alors que Ronaldo était un attaquant axial capable de fulgurances balle au pied. Kylian va plus vite. Il va encore progresser, même si je suis déjà très content de ce qu'il fait. Kylian est né une bonne année (1998). Et je suis très content qu'il soit français ! »

Ce Mondial fut le sien

Le mérite de cette progression express en bleu en revient aussi au sélectionneur. Didier Deschamps a élargi la panoplie, déjà immense techniquement, de Mbappé comme l'ont prouvé ses buts pied gauche et pied droit contre l'Argentine, en le déplaçant presque partout sur le terrain et en le préparant à point pour cette Coupe du monde. Le sélectionneur l'emmène l'a où il a emmené Thierry Henry comme capitaine en 1998. Très haut, au firmament. Le collectif comme le sens du jeu français vont et doivent désormais tourner autour de la petite merveille. Comme rampe de lancement ou satellite, Giroud et Griezmann doivent graviter autour de lui pour le mettre le plus souvent sur orbite. Le crack au numéro 10, celui des légendes, a les épaules assez larges pour assumer, à dix-neuf ans, lui le benjamin des Bleus et leader de la « new generation ». C'est cette force de caractère qui le distingue aussi des autres phénomènes de précocité. Le Parisien sait assumer quand les défis se présentent à lui. Il a su répondre quand Leonardo Jardim lui a donné sa chance en Ligue des champions à l'hiver, puis au printemps 2017 avec Monaco. Il a ensuite récidivé en supportant le tarif de son transfert record en L1 au PSG. Il ne s'est pas écroulé sous les 180 M€ qui en ont fait le deuxième joueur le plus cher du monde – et le plus jeune, encore. Avec ce doublé en Mondiovision contre l'Argentine, la terre entière sait maintenant que la pépite tricolore vaut ce prix, et peut-être même plus, au point que le PSG doit se dire qu'il a fait une très belle affaire. Si les clauses libératoires existaient en France, la sienne tutoierait le milliard comme Cristiano Ronaldo ou les 700 M€ de celle de Messi. Mais en équipe de France, on ne vend personne. On joue pour son pays. Mbappé sait déjà que ça n'a pas de prix, même après seulement dix-neuf sélections et sept buts. Contre l'Argentine, le messie était bien français. Il portait le 10 bleu. L'enfant du 9-3 a « Bondy » sur cette Coupe du monde.

Il ne s'est pas écroulé sous les 180 M€ qui en ont fait le deuxième joueur le plus cher du monde – et le plus jeune, encore.

Fly
PARIS

9 – Sa technique

Un joueur d'événements

Et dans une équipe comme le Paris-Saint-Germain, où l'exigence est maximale, la pression constante et l'efficacité offensive partagée, les chiffres ne peuvent jamais être anodins. Il y a moins de deux semaines, juste après la rencontre amicale entre la France et l'Islande (2-2), Kylian Mbappé confessait ainsi au micro de TF1 : « Quand Lionel Messi et Cristiano Ronaldo avaient mon âge, c'était un football différent. À l'époque, les statistiques individuelles des joueurs n'avaient pas l'importance qu'elles ont prise aujourd'hui. Le jeu primait, juste le jeu. Les choses ont changé. » Avec une intonation plus collective dans la voix, il avait pris grand soin aussi d'ajouter ceci : « Ce sont mes coéquipiers au Paris-SG et en sélection qui me permettent d'être à ce niveau. »

Le numéro 7 du PSG coche désormais toutes les cases ou presque. Il possède la vitesse, l'explosivité, l'habileté, le talent, la technique, l'audace, l'intelligence tactique, le physique : et si son style n'est pas (encore) le plus collectif au monde, il est aujourd'hui devenu un joueur d'événement et un attaquant décisif au jeu taillé sur mesure pour les grands matches.

UN JEU SPECTACULAIRE

L'électricité qui parcourt le stade aussitôt qu'il s'empare du ballon, la fascination que peuvent déclencher ses dribbles rectilignes, ses courses et ses enchaînements rapides, ou bien l'attente qu'il suscite dès qu'un partenaire le trouve, peu importe qu'il y ait du champ ou pas devant lui, dessinent le profil d'un joueur différent. Et, d'abord, résolument spectaculaire. Sans doute moins créatif et déstabilisant que le sont toujours Lionel Messi ou Neymar, moins flamboyant et théâtral également que pouvait l'être Zlatan Ibrahimovic ou moins roublard dans les petits espaces que le Brésilien Ronaldo autrefois, mais tout aussi explosif, dynamique, mobile, rapide, adroit et redoutable en un contre un que Cristiano Ronaldo à ses débuts, la puissance athlétique et le jeu de tête en moins. Moralité ? Pour enflammer des matches de très haut niveau, accélérer le jeu et l'accélérer à nouveau encore si besoin, surprendre l'adversaire, offrir en permanence des solutions de contre, débloquer très vite une situation, modifier le rapport de force, tactiquement et psychologiquement, ou même simplement gagner tout de suite une trentaine de mètres dans la profondeur, son registre technique est idéal. Christian Damiano, qui fut l'un des formateurs de Thierry Henry dans les années 90 à Clairefontaine et qui l'a suivi dès ses premiers matches à Monaco, souligne : « Il est constamment en éveil et te propose déjà une solution avant même de recevoir le ballon, il peut t'éliminer dès sa prise de balle, il est dans la finesse et la maîtrise technique, et dans le mouvement, comme dans la spontanéité, il s'est montré tout de suite impressionnant. »
Ce qui avait fait dire à Eden Hazard durant la dernière Coupe du monde : « C'est un mélange de Thierry Henry et de Ronaldo, "Il Fenomeno". » Une combinaison détonante, donc, parfait compromis entre finesse et force de percussion, qui lui permet déjà de voler parfois la vedette à Neymar avec Paris ou à Antoine Griezmann chez les Bleus, et de faire le show. Mais pas que.

UN JEU EFFICACE

Depuis son arrivée à Paris à l'été 2017, Edinson Cavani a davantage marqué que lui. Et depuis maintenant deux ans qu'il joue en équipe de France, Antoine Griezmann lui a été supérieur dans la finition. Il n'empêche. Sa victime favorite

Trois animations pour gagner

Monaco 2017

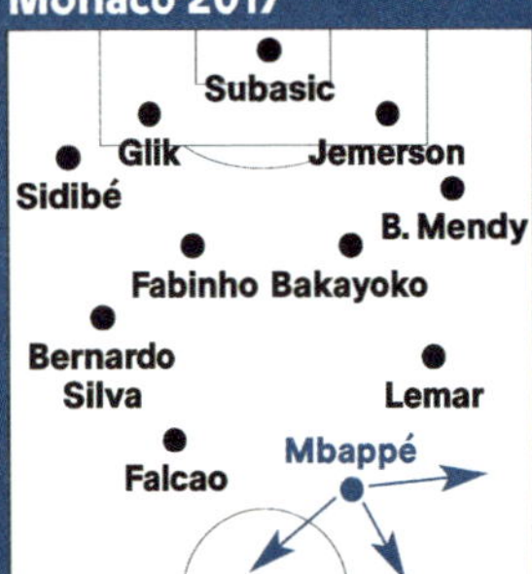

Entr. : Jardim

Champion de France et demi-finaliste de la Ligue des champions en 2017, c'est à la pointe d'un 4-4-2 aux côtés de Ramadel Falcao que Leonardo Jardim l'avait utilisé. Un duo très complémentaire, où la capacité d'accélération et d'élimination, la mobilité et la disponibilité dans la profondeur de l'un se mariait idéalement à l'expérience, au flair dans la surface et à la qualité de contrôle orienté de l'autre.

France 2018

Entr. : Deschamps

À la Coupe du monde, Didier Deschamps l'a fait jouer sur le côté droit de son 4-4-2 avec une grande liberté d'action avec le ballon - on l'a souvent vu ainsi venir dans l'axe, voire dézoner à gauche - et un gros travail de replacement à effectuer pour vite reformer deux lignes de quatre à la perte. Cela ne l'a pas empêché de terminer meilleur buteur des Bleus, ex aequo avec Antoine Griezmann (4 buts).

Paris-SG 2018

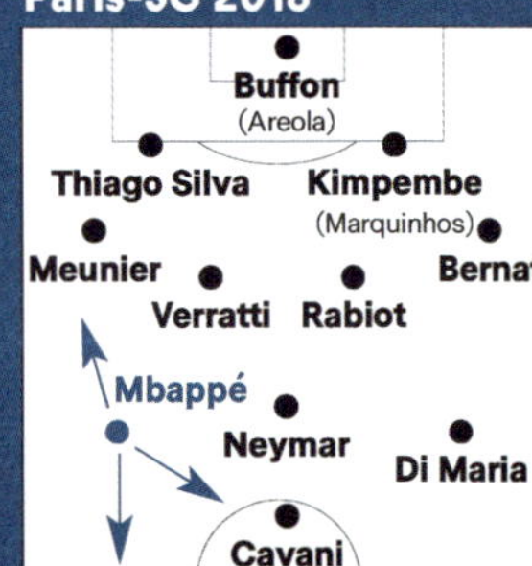

Entr. : Tuchel

Avec Thomas Tuchel, l'animation varie souvent cette saison, à l'intérieur même d'un match, mais c'est dans un 4-2-3-1 avec Mbappé côté droit que l'équipe semble la mieux équilibrée pour pouvoir l'utiliser en même temps que Neymar, Edinson Cavani et Angel Di Maria. Les autres alternatives envisageables sans dissocier le quatuor ? À droite d'un 4-3-3 avec Cavani et Neymar, ou en pointe avec Cavani dans un 3-4-1-2.

a beau s'appeler Rennes, son impact dans les grands matches est déjà considérable. Cela peut se manifester parfois par une passe, une déviation ou un simple décalage. Mais c'est le plus souvent grâce à la qualité et la spontanéité de sa frappe, à son adresse devant le but, à son instinct, à son coup de reins au démarrage, qui lui permet de prendre et garder un temps d'avance sur son défenseur, ou à son sang-froid dans les face-à-face avec le gardien, comme il y a deux semaines contre Lyon (5-0) au Parc. Ses stats de tirs cadrés en Ligue des champions et en équipe de France, autour de 60 % (voir par ailleurs), sont une autre manière de définir sa précision et sa prépondérance dans « un football qui fait mal, un football chirurgical » comme Guy Stéphan, l'adjoint de Didier Deschamps, décrivait le jeu des Bleus en Russie. À dix-huit ans, il avait déjà mis ainsi un but à Gigi Buffon dans une demi-finale de Ligue des champions. À dix-neuf, il a réussi ce que seul Pelé avait accompli avant lui à cet âge : marquer en finale de Coupe du monde.

Une certitude ? Tous ceux qui l'ont entraîné ou côtoyé sur le terrain, ses partenaires comme ses adversaires, sont stupéfaits par son assurance et disent tous la même chose : « Kylian ne doute pas. » Même discours chez les consultants qui regardent et analysent régulièrement ses matches avec Paris, comme Éric Carrière pour Canal+ : « Lui comme Neymar, d'ailleurs, sont des joueurs qui tentent beaucoup et pour qui perdre le ballon n'est jamais un problème. » En creux, l'échec ne le décourage pas. Et si Mbappé aime autant dribbler, c'est souvent parce que c'est la solution la plus efficace pour éliminer et la bonne décision à prendre quand il se retrouve dans certaines zones à certains moments du match. Après le huitième de finale de Coupe du monde contre l'Argentine (4-3), Bixente Lizarazu faisait remarquer ceci dans *L'Équipe* : « Il peut à la fois te déposer sur cinq mètres avec des appuis courts et te mettre une double accélération sur cinquante mètres. »

En mode Europe

Ses 12 buts en Ligue des champions

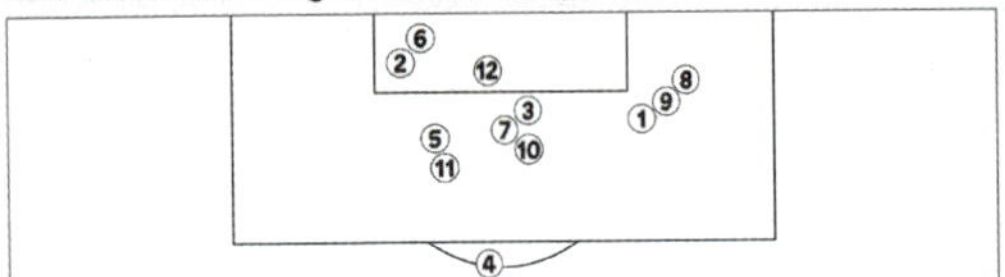

Comment il marque

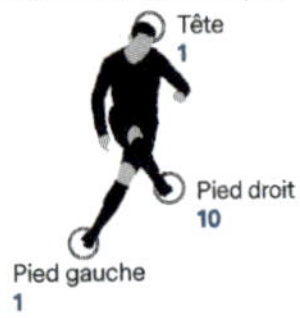

Quand il marque

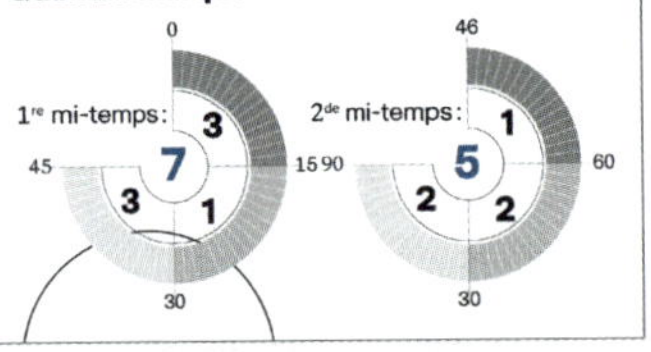

Avec Monaco
1 Manchester C-Monaco (5-3) 8es aller
2 Monaco-Manchester C (3-1) 8es retour
3 et **4** Dortmund-Monaco (2-3) 1/4 aller
5 Monaco-Dortmund (3-1) 1/4 retour
6 Juventus-Monaco (2-1) 1/2 retour

Avec Paris
7 Celtic-Paris-SG (0-5) phase de groupes
8 Anderlecht-Paris-SG (0-4) phase de groupes
9 Paris-SG-Celtic (7-1) phase de groupes
10 Bayern-Paris-SG (3-1) phase de groupes
11 Liverpool-Paris-SG (3-2) phase de groupes
12 Paris-SG-Étoile Rouge (6-1) phase de groupes

Le top 10 des buteurs en Ligue des champions

	Buts	Moyenne buts/match	En phase de groupes	En matches à élimination directe
1 **Cristiano Ronaldo** (Manchester United, Real Madrid, Juventus)	**120**	0,78	60	60
2 **Messi** (FC Barcelone)	**105**	0,83	65	40
3 **Raul** (Real Madrid, Schalke 04)	**71**	0,50	53	18
4 **Benzema** (Real Madrid)	**56**	0,53	40	16
Van Nistelrooy (PSV Eindhoven, Manchester United, Real Madrid)	**56**	0,77	50	6
6 **Henry** (Monaco, Arsenal, FC Barcelone)	**50**	0,45	38	12
7 **Ibrahimovic** (Ajax, Juventus, Inter Milan, FC Barcelone, Milan AC, PSG, Man United)	**48**	0,40	38	10
8 **F. Inzaghi** (Juventus, Milan AC)	**46**	0,57	30	16
Lewandowski (Borussia Dortmund, Bayern Munich)	**46**	0,62	27	19
10 **Drogba** (Marseille, Galatasaray, Chelsea)	**44**	0,48	30	14

**Depuis la saison 1992-93, à l'exception des tours préliminaires et des barrages.*

La carrière de Kylian Mbappé ne fait que commencer, mais sa moyenne de 0,63 but par match en Ligue des champions (0,75 si on ne tient pas compte de ses trois premiers matches à Monaco comme remplaçant, où il n'avait joué que vingt-cinq minutes) est plus que prometteuse. Sur la durée, celles de Messi et Cristiano Ronaldo sont bien sûr incroyables, et celle de Ruud van Nistelrooy n'est pas mal non plus mais à ce rythme-là, il est clair qu'il dépassera un jour Karim Benzema et Thierry Henry, les deux meilleurs buteurs français de l'histoire en Ligue des champions. La compétition n'ayant plus grand-chose à voir avec ce qu'était la Coupe des champions, on évitera en revanche toute comparaison avec les stats des grands buteurs d'autrefois, comme Alfredo Di Stefano (49 buts en 58 matches), Eusebio (47 buts en 63 matches) ou Gerd Müller (35 buts en 35 matches !).

Ses stats en C1

50 tirs. Il ne se met pas encore aussi souvent en position de frappe que Cristiano Ronaldo (84 tirs la saison dernière avec le Real en 13 matches de C1 !), mais sa moyenne par match tourne néanmoins à plus de trois tirs lorsqu'il débute. Son record ? Le 3 octobre dernier contre l'Étoile Rouge avec sept frappes.

56 % de tirs cadrés. Lorsqu'un attaquant cadre plus d'une frappe sur deux à ce niveau, on peut parler d'adresse devant le but. Si l'on excepte son récent match contre l'Étoile Rouge (3 tirs cadrés sur 7) et celui à Anderlecht la saison passée (1 tir cadré sur 6), son ratio est même de 65 %. Autrement dit, exceptionnel.

41 ballons touchés par match*. Pour un attaquant, son volume de jeu est considérable. Cette stat démontre en tout cas qu'il est à la fois disponible et facile à trouver dans le jeu par ses appels et ses déplacements. Dans une équipe comme Paris, efficace à la fois dans le jeu de possession et de transition, c'est plus simple aussi.

19,2 % de ballons touchés dans la surface adverse. Peut-être le chiffre le plus impressionnant, sachant le peu d'espaces souvent laissés dans les vingt-cinq derniers mètres adverses dans certains matches de Ligue des champions. Il confirme en tout cas son appétit pour le but et son instinct pour venir au bon endroit au bon moment à la finition.

**Les stats concernent les seize matches où il a été titulaire.*

opta

UN JEU INTELLIGENT

Dès qu'il reçoit le ballon, son premier geste est toujours de lever la tête et de regarder le jeu pour prendre l'information, analyser la situation et ensuite décider. À moins qu'il n'ait déjà vu avant, anticipé pour se projeter aussitôt vers le but et choisi la solution individuelle. Son intelligence tactique, a fortiori dans les grands matches où le temps de réflexion et les espaces s'amenuisent constamment, se traduit surtout par sa capacité d'adaptation aux situations de jeu, aux schémas dans lesquels il peut évoluer et aux profils des autres attaquants avec qui il est associé.
En clair, la zone d'évolution, côté droit, a beau souvent être semblable, on ne joue pas de la même manière dans un 4-4-2 avec Antoine Griezmann et Olivier Giroud sous le maillot de l'équipe de France que dans un 4-2-3-1 avec Neymar, Edinson Cavani et Angel Di Maria sous la tunique parisienne. Et, logiquement, on ne fait pas les mêmes appels, les mêmes courses, ni les mêmes enchaînements au même moment. Tout est donc affaire d'ajustement permanent. Christian Damiano fait remarquer : « Quand il vient devant le but, il fait en sorte d'être toujours sur les trajectoires. Ça le rend d'autant plus difficile à bloquer pour une défense. »
Si Mbappé reste avant tout un formidable joueur d'espace, son instinct dans la surface de réparation, son sens du placement, son flair pour venir se mettre dans les intervalles ou réaliser un appel-contre-appel dans des petits périmètres (voir son deuxième but contre l'Olympique Lyonnais), mais également sa vitesse de réflexion – quel geste accomplir devant le gardien ? quelle surface du pied utiliser ? quels petits pas de côté effectuer ? – peuvent aussi rappeler, étrangement, ceux de David Trezeguet. Autre forme d'intelligence de son jeu ? Savoir provoquer les fautes adverses et, par exemple, utiliser sa vitesse d'accélération pour obtenir un penalty à des moments clés, voire en tout début de match à 0-0, comme devant l'Argentine en huitièmes de finale cet été en Russie ou dernièrement en Championnat contre Lyon.
Défendre sur un côté, se replacer, presser à la perte ou participer à la récupération collective du ballon ne sont jamais la tasse de thé préféré d'un attaquant comme lui. Même s'il a fallu qu'Hugo Lloris et plusieurs cadres s'y mettent pour venir renforcer le discours de Didier Deschamps, la

Pour un joueur qui a vocation à prendre l'espace, la générosité de son jeu se manifeste surtout par la répétition de ses appels.

Coupe du monde l'a pourtant démontré : pour l'intérêt de l'équipe, il est capable de forcer sa nature et de fournir les efforts nécessaires pour que le bloc puisse rester compact et vite se rééquilibrer. Idem à Paris aujourd'hui quand le champion de France en titre a moins le ballon et doit jouer parfois plus bas pour s'adapter à l'adversaire. Aveu de Thomas Tuchel, son entraîneur, au soir du match contre Lyon : « Il était prêt à travailler dur pour l'équipe et à se sacrifier défensivement. Mais il a reçu sa récompense avec ses quatre buts et il a été magnifique. »

Pour un joueur qui a d'abord vocation à prendre l'espace et à offrir de la profondeur, la générosité de son jeu se manifeste surtout par la répétition de ses appels et la variété de ses courses. Dans un match, Mbappé avale ainsi en général entre huit et neuf kilomètres, effectue une trentaine de sprints et ses statistiques en Russie l'été dernier indiquent aussi qu'il est capable de courir entre 300 et 400 mètres à très haute intensité (plus de 25 km/h), soit près du double de la moyenne habituelle de ses partenaires. Sa force, qui est aussi un signe de maturité chez lui ? Garder suffisamment de lucidité et de maîtrise technique après plusieurs longs raids offensifs pour réaliser le bon geste et rester efficace devant le but. Une fois qu'il sera définitivement fixé dans l'axe, en club comme en sélection, il sera temps alors de voir comment il fera évoluer son jeu, étoffera son répertoire et gérera différemment ses efforts et ses courses. Pour l'heure, on n'a sans doute encore rien vu…

MBAPPE
7
RODIĆ
23

10 – N° 1 français et Trophée Kopa

2018-2021

Le meilleur espoir du monde

Il faut toujours se méfier de l'unanimité. Sauf quand elle émane de gens qui l'ont faite eux aussi en leur temps. Que l'Académie des Ballons d'Or, constituée des lauréats du plus prestigieux prix individuel de la planète football, icônes incontestables et incontestées de l'histoire du jeu, fasse de Kylian Mbappé le premier vainqueur du Trophée Kopa n'est pas exactement une surprise. Que pas un des vingt-deux votants qui se sont exprimés, du doyen Luis Suarez à Cristiano Ronaldo le tenant, n'ait omis de placer son nom en haut de son bulletin n'en revêt pas moins une symbolique très forte. Ce plébiscite a valeur d'adoubement pour le môme français, une manière de main tendue en même temps qu'un marchepied en forme de courte échelle. De la même façon, Kylian Mbappé a devancé Raphaël Varane de 15 points et Antoine Griezmann de 17 sur le podium du joueur français de l'année 2018, établi à partir du vote de tous les anciens numéros 1 France Football depuis 1963. Une consécration par ses pairs sur la scène nationale. Qui en appelle d'autres.

KYLIAN
MBAPPÉ
france
football

En Bref

22 ans / 1,78 m ; 78 kg / Attaquant
Club : Paris-SG
39 sélections ; 13 buts
Palmarès :
Champion du monde (2018)
Champion de France (2017 avec Monaco ; 2018 et 2019, 2020 avec le PSG)
Vainqueur de la Coupe de France (2018, 2020)
Vainqueur de la Coupe de la Ligue (2018)
Finaliste de la Ligue des champions 2020

Car s'il n'a pas encore l'étoffe d'un Ballon d'Or, s'il n'appartient pas à cette caste des géants pour le moment, il en suit le chemin et le destin. C'est ce qu'ont voulu exprimer ces génies du jeu du passé et du présent, persuadés que l'avenir s'épellerait Mbappé, et qu'il fallait se préparer à l'accueillir parmi eux. Ce que confirme l'Italien Paolo Rossi, élu en 1982, conscient du rayonnement pris par l'attaquant parisien. « Ce prix met en lumière ceux qui pourraient être les grands joueurs de demain. Certains ont même brûlé les étapes et apparaissent dès aujourd'hui incontournables, tel Kylian Mbappé que j'ai évidemment mis à la première place. » Comme vingt et un de ses confrères académiciens. Et même ceux qui, comme le Danois Alan Simonsen (vainqueur en 1977) ou l'Allemand Matthias Sammer (sacré en 1996), n'ont osé s'exprimer, avouant « ne plus trop suivre les joueurs d'aujourd'hui », ont ajouté aussitôt qu'ils ne connaissaient et reconnaissaient qu'un nom, celui du gamin parisien.

Élu avec plus de 100 % des voix

Élu donc, sans trucage, avec plus de 100 % des voix, ce qui ne s'est jamais vu même dans les régimes les plus corrompus, Mbappé a imposé la dictature de son talent à la concurrence. Bondissant dauphin, l'Américain Christian Pulisic s'est suffisamment signalé avec Dortmund pour imprimer son génie du dribble dans la mémoire des ex-Ballons d'Or, mais pas assez pour s'approcher à plus de soixante-dix points du gagnant, un gouffre qu'il a lui-même creusé sur le troisième, Justin Kluivert, fils d'un ancien nommé au Ballon d'Or. Et si Andreï Chevtchenko, lauréat en 2004, n'a pu cacher un certain sentimentalisme dans son choix – « Je le mets troisième, c'est le fils de Patrick ! », ancien compère du Milan AC –, la place du Néerlandais sur le podium ne dissimule nul copinage : les quatre doyens de l'Académie, messieurs Suarez, Law, Charlton et Rivera, étaient en tribune depuis longtemps quand le père du gamin était sur le terrain, ce qui ne les a pas empêchés de voter pour le rejeton. Lequel en a eu besoin pour repousser la menace d'un nom pourtant peu connu sur le Vieux Continent, le tout jeune Rodrygo, qui devrait rapidement semer dans son sillage des étincelles et des défenseurs lorsque le Real Madrid, qui vient de l'acheter une fortune (45 M€), le rapatriera. Quatrième à même pas dix-huit ans, le Brésilien est une promesse pour le foot mondial, tout comme les neuf autres nommés, lesquels n'ont pas tous été cités mais ont été remarqués, comme l'affirme Lothar Matthäus, lauréat en 1990. « Le Trophée Kopa est un prix qui mérite le détour car il permet de faire une publicité conséquente aux dix jeunes de ce top 10 qui sont promis à un bel avenir et doivent le voir comme une promesse pour le futur. » Le premier d'entre eux n'en est déjà plus une, mais vient à cet instant d'entrer dans la légende, celle des précurseurs. Une habitude, chez lui. Avec des parrains de ce calibre et le prestige qui rejaillit de leur choix unanime, Kylian Mbappé ne pouvait rêver meilleure compagnie au moment d'entrer dans sa vingtième année. Il n'est pas certain qu'il ait à souffler beaucoup d'autres bougies avant de les rejoindre dans la plus prestigieuse Académie du football qui vient de le reconnaître comme l'un des siens…

Classement - TROPHEE KOPA 2018

1er Kylian Mbappé (France, Paris-SG)	110 pts
2e Christian Pulisic (États-Unis, Borussia Dortmund)	31 pts
3e Justin Kluivert (Pays-Bas, Ajax Amsterdam, puis AS Roma)	18 pts
4e Rodrygo (Brésil, Santos) Gianluigi Donnarumma (Italie, Milan AC)	12 pts
6e Trent Alexander-Arnold (Angleterre, Liverpool)	6 pts
7e Patrick Cutrone (Italie, Milan AC)	5 pts
8e Houssem Aouar (France, Lyon)	4 pts
9e Ritsu Doan (Japon, FC Groningue)	0 pt
10e Amadou Haidara (Mali, RB Salzbourg)	0 pt

Classement du n° 1 français 2018

1. Kylian Mbappé (Paris-SG), 124 points.
2. Raphaël Varane (Real Madrid), 109 pts.
3. Antoine Griezmann (Atletico Madrid), 107 pts.
4. N'Golo Kanté (Chelsea), 56pts.
5. HugoLloris (Tottenham), 15 pts.
6. Paul Pogba (Manchester United), 14 pts.
7. Houssem Aouar (Lyon), 7 pts.
   Nabil Fekir (Lyon), 7 pts.
   Lucas Hernandez (Atletico Madrid), 7 pts.
   Blaise Matuidi (Juventus Turin), 7 pts.
11. Samuel Umtiti (FC Barcelone), 5 pts.
12. Karim Benzema(Real Madrid), 3 pts.
13. Olivier Giroud (Chelsea), 1 pt.
    Florian Thauvin (Marseille), 1 pt.
    Tanguy Ndombele (Lyon), 1 pt.

“Je joue pour être décisif”

DÉSIGNÉ MEILLEUR JOUEUR FRANÇAIS POUR LA DEUXIÈME ANNÉE DE SUITE, L’ATTAQUANT PARISIEN RACONTE SON RAPPORT AUX BUTS, LUI QUI EN A PLANTÉ 41 EN 2019.

Quel souvenir gardes-tu du 20 février 2016 ?

● Un excellent ! C’est mon premier but inscrit en pro, face à Troyes. Je me souviens que j’avais le numéro 33 dans le dos, sans flocage de mon nom. *(Il se marre.)* Je me rappelle d’une émotion unique, grandiose. Je mettais un pied dans le monde pro pour de bon en laissant mon nom dans les stats. Car il y en a beaucoup qui disputent un jour un match en pro. Beaucoup moins qui marquent. En plus, je battais le record de précocité de Titi *(Henry)*. En fait, c’était le premier message que j’envoyais. Pour moi, je savais que c’était le début d’une longue histoire, la première page d’un grand livre. Un rendez-vous pour plus tard. J’avais ensuite signé mon premier contrat pro trois-quatre semaines après, avec un numéro, le 29, et mon nom sur le maillot. *(Rires.)*

Avant de signer pro, quel était ton rapport au but ? Étais-tu un obsédé des stats dans les petites catégories, du genre à tout compter et à recenser le moindre but sur des cahiers, même ceux inscrits à l’entraînement ?

● Non, moi, ce qui comptait, c’était le jeu, le plaisir. On me reprochait même de ne pas « finir » mes actions et d’être un peu un intermittent du spectacle qui aimait bien faire le show. J’adorais marquer bien sûr mais encore plus m’éclater sur le terrain avec mes copains car j’étais un amoureux du foot, davantage obsédé par l’idée de pouvoir reproduire des gestes vus à la télé qu’à marquer absolument.

Tu finis l’année 2019 avec 41 buts. On se trompe si on te dit que tu donnais

l'impression d'être moins obsédé par le but (et les statistiques) lors de tes débuts à Monaco que désormais au PSG ?

● Oui, il y a erreur de perception car, à Monaco, j'étais autant attiré par le but que maintenant. Sauf que mon statut a évolué et que l'on ne me regarde plus de la même manière. Désormais, mes coéquipiers attendent que je marque car je suis aligné pour ça. Et, comme j'ai un peu prouvé ma valeur, davantage de ballons m'arrivent car mes partenaires estiment sans doute qu'il y a plus de chance que je marque.

"Je peux marquer deux buts et rentrer chez moi déçu parce que j'ai été mauvais dans le jeu."

Tu ne réponds pas franchement à la question…

● Cette attirance pour le but fait juste partie de l'évolution de mon statut. J'avoue avoir aussi de plus en plus envie d'être décisif, que ce soit par un but ou une passe.

Même une passe ?

● Bien sûr ! Quand je sers Choupo face au Mans et que je vois sa joie juste après, moi, je me régale.

Certaines actions, sur lesquelles tu t'es montré assez égoïste, renvoient l'image d'un joueur désormais plus individualiste…

● Les gens pensent que Kylian a changé. Mais c'est faux. Il joue pour être décisif et important pour son équipe. Sauf qu'à dix-sept ou dix-huit ans, tu oses un peu moins aller au bout de tes actions car tu n'as encore rien montré, tu n'as pas encore la légitimité pour t'affranchir de tout ça. Il faut respecter une certaine forme de hiérarchie et donner son ballon aux plus forts. Désormais, c'est à moi que l'on donne la balle et je prends davantage ma chance car j'ai prouvé. C'est juste ça.

Es-tu conscient que cette quête permanente du but a pu faire évoluer ton image, reléguant le « gentil Kylian » au rayon des vieux souvenirs ?

● Je n'ai surtout pas envie de passer pour une victime. Il y a des millions de personnes qui méritent davantage ce statut de victime que moi. J'ai juste compris que je ne pouvais pas maîtriser la perception des gens. J'essaie d'être le plus sincère, mais si on interprète autre chose, qu'est-ce que j'y peux ? À Monaco, j'étais le petit jeune qui évoluait

“Je suis toujours en éveil, à l’affût.”

au sein d’un club que tout le monde aime bien. En passant au PSG, l’équipe qui, prétendument, fausse le Championnat et que tout le monde aime bien titiller, c’était inévitable que ma cote et mon image évoluent. Mais c’est normal, je n’ai pas de problème car ça fait partie du jeu. Je n’éprouve pas de haine intérieure par rapport à l’évolution de cette perception que l’on a de moi.

Franchement, un match sans but est-il un match raté pour toi ?

● Bien sûr que non ! Contre la Belgique *(demi-finales de Coupe du monde, 1-0, le 10 juillet 2018)*, je ne marque pas, mais je crois avoir été pas trop mal car j’ai fait beaucoup de différences. Les experts l’auront remarqué même si tout le monde retiendra davantage le match contre l’Argentine *(huitièmes de finale, 4-3, le 30 juin 2018)*, avec une accélération spectaculaire. C’est le match qui a changé ma vie mais sans doute pas le meilleur de la compétition pour moi.

On a le sentiment que tu restes tiraillé entre la liberté de l’attaquant et les obligations de rendement du buteur. Entre deux passes décisives ou un but, tu prends quoi ?

● Ce qui va nous faire gagner. Si on a besoin de deux passes décisives pour nous imposer, je prends sans hésiter les deux passes. La perception du gars qui est obnubilé par le but et qui se moque de tout ce qui se passe autour est une perception fausse. Je peux marquer deux buts et rentrer chez moi déçu parce que j’ai été mauvais dans le jeu, en loupant mes remises, mes passes, en loupant 90 % de mes dribbles, en ne combinant avec personne. Moi, je reste un passionné du jeu avant d’être un passionné des statistiques. Les buts, c’est bien pour les enfants qui ne retiennent que ça. En revanche, les plus grands, ceux qui s’y connaissent un peu plus, ne s’arrêtent pas qu’aux stats. Et comme je suis une grande personne, je ne me focalise pas que sur les chiffres. Le contenu est bien plus important.

Prépares-tu tes matches en fonction de l’adversaire, du gardien, de ton défenseur ?

● Je regarde un peu les gardiens car il y en a certains qui lisent bien mon jeu, comme Ruffier *(Saint-Étienne)*. Il anticipe beaucoup ce que je fais car j’imagine qu’il a étudié mon jeu. Dans ces cas-là, j’essaie de changer, de surprendre. Mais je n’en fais pas non plus une fixation. Ce qui m’importe surtout, c’est de bien me sentir, de bien sentir mon corps afin de répéter les efforts et surtout de ne pas “m’échapper”.

C’est-à-dire ?

● Regarde mes matches, lorsque j’étais à Monaco. Parfois, je disparais mentalement pendant quinze ou vingt minutes. Je suis ailleurs, même contre Manchester City *(huitièmes de finale de la Ligue des champions 2017)*. Je suis parti. Tu peux te dire : « Mais il est où Kylian ? » Je cherche du monde en tribunes, je rêve, je fais des sourires à la famille, aux amis. Maintenant, ça c’est quasiment fini. Je suis toujours en éveil, à l’affût. Regarde mon visage, je suis beaucoup plus concentré et concerné. Je suis dans mon “truc”, même s’il me reste encore des progrès à accomplir dans ce domaine-là.

Les deux tiers de tes buts (en L1) sont inscrits en seconde période. Est-ce un hasard et est-ce également la raison pour laquelle tu veux rester jusqu’au bout et que ne supportes pas de sortir à la 90e minute ?

● C’est sans doute la preuve que je maîtrise mieux mes matches, en restant concentré et efficace jusqu’au coup de sifflet final. Et oui, c’est vrai que je n’aime pas trop sortir en toute fin de match car il y a souvent des occasions et des espaces jusqu’au bout. Je l’ai payé contre Manchester United la saison passée pour comprendre que tout pouvait se passer jusqu’à l’ultime minute.

Y a-t-il un type de défenseur que tu n’aimes pas avoir en face de toi ?

● Non, pas spécialement. Après, c’est vrai que ce n’est jamais très agréable d’avoir sur le dos

“Il existe une vraie complicité avec Neymar. Sur, et en dehors du terrain.”

un défenseur maladroit. Y en a pas mal. Dans la plupart des cas, ce n'est pas de la méchanceté mais de la maladresse. Souvent, j'entends : « Désolé. » Du style : « J'ai essayé de t'attraper mais ça allait trop vite. » J'ose croire que c'est sincère. Des bourrins qui cherchent à faire mal, il n'y en a pas tant que ça. J'ai compris également que certains essayaient de me faire sortir de mon match. À moi de ne pas tomber dans le piège. Mais, dans ces cas-là, la meilleure des réponses est de retourner aller provoquer balle au pied.

As-tu déjà eu peur sur un terrain ?

● Plein de fois, aussi bien face à des défenseurs que des gardiens. Mais c'est humain. On y retourne

tout de suite pour ne pas s'arrêter sur cette peur. De toute façon, quand j'entre sur le terrain, je me dis toujours : « Aujourd'hui, tu vas prendre trois-quatre bons tampons. Prépare-toi. »

Didier Drogba avait l'habitude de frapper dans le but vide en fin d'échauffement juste pour le plaisir d'entendre le bruit des filets trembler et aussi parfois de rêver précisément du prochain but qu'il marquerait. Et toi, tu as des mises en condition particulières avant un match ?

● *(Il éclate de rire.)* Ça, c'est un autre temps. Moi, j'ai une préparation différente. Avec Neymar, depuis le début de la saison, on se lance un défi : celui qui réussira à marquer le plus de buts lors des cinq dernières minutes de l'échauffement, quand tu as le gardien dans la cage. Celui qui perd paie le resto à l'autre. À Saint-Étienne, je me souviens qu'on avait fait match nul… mais surtout un échauffement nul. On avait presque tout envoyé au-dessus. *(Il rit.)*

Depuis le début de la saison, lequel des deux a le plus souvent payé le resto ?

● C'est « Ney » !

Comment entretenir une certaine cohésion entre tous les attaquants alors qu'à ce poste vous courez tous pour des objectifs individuels ?

● On connaît surtout tous notre place au sein de l'effectif. C'est clair et il n'y a pas de jalousie. On s'entend vraiment tous très bien.

De ton côté, on a surtout l'impression que tu fais participer Neymar…

● C'est vrai qu'il existe une vraie complicité avec Neymar. Sur, et en dehors du terrain. Quand je suis arrivé à Paris, il n'y avait pas de débat. C'était lui la superstar, que j'étais venu un peu épauler, aider. Il se blesse, rate sa Coupe du monde et moi je la gagne. Et là, commencent à sortir des histoires sur notre prétendue rivalité, sur ma volonté de prendre sa place. J'ai été bouleversé d'entendre tout ça. Quand je suis revenu au Camp des Loges en août 2018, la première chose que j'ai faite c'est d'aller attraper « Ney » pour lui dire : « Tu as peut-être raté ta Coupe du monde… Et tant mieux pour nous. *(Il sourit.)* Mais, ici, t'inquiète pas, je ne marcherai pas sur tes plates-bandes. Je suis toujours là pour t'aider. »

Quelle est la qualité de Neymar, que tu n'as pas, et que tu lui emprunterais bien ?

● Il possède une qualité de passe exceptionnelle. Il peut trouver des angles incroyables. Pour moi, c'est le meilleur passeur du monde, devant Messi. Il est capable de te trouver parmi six adversaires en passant par un tout petit trou. Dans ce domaine, c'est le plus fort. C'est la raison pour laquelle il ne faut jamais être spectateur avec lui. Moi, je l'ai compris. Même coincé, dos à toi, il ne faut jamais s'arrêter car lui saura te trouver à partir du moment où tu auras poursuivi l'action. Avec lui, il faut être toujours en mouvement et ne pas se faire surprendre par ses passes impossibles.

ALLEZ LES PETITS !
L'ÉQUIPE
PUR 100
Rennes en chute libre
Ogier sur la voie royale

Vous parlez beaucoup en match ?

● Pas tellement, ça passe plutôt par les regards. Au début, de toute façon, comme je ne parlais pas super bien anglais, nos échanges étaient très limités. Notre complicité s'est mise en place à mon retour de la Coupe du monde. La première année, j'étais un peu un serviteur. Ensuite, avec mon nouveau statut de star internationale, on a formé un vrai duo. Peut-être croyait-il au début : « Lui, il est là pour me servir mais, à la première occasion, il va essayer de m'avoir. » Il a pu voir que, quand je suis devenu moi aussi une star, je n'ai pas changé à son égard. Il a vu que j'étais sincère.

Cette sincérité vous amène-t-elle à vous dire des choses moins agréables ?

● Bien sûr ! Quand je ne défends pas trop, il n'hésite pas à me le faire savoir. Et, quand il prétend que son meilleur souvenir est la remontada réussie face au PSG *(huitièmes retour de C1, le 8 mars 2017, 6-1 après avoir perdu 4-0 le huitième aller)*, là c'est moi qui lui dis que ce n'est pas top. Ou quand il porte trop le ballon. On n'en fait pas des caisses mais on se doit la vérité et la transparence. Et lui est ouvert à la discussion. Il répète même souvent : « Tranquille, tranquille. » En fait, les gens n'ont pas la bonne perception de « Ney ». Il n'est pas compris. Mais que l'on ne vienne pas me dire qu'il est fini comme j'en entends dire certains. Venez au Camps des Loges, c'est gratuit. Et vous verrez le spectacle ! C'est un monstre. Il a juste un peu perdu en agilité avec ses blessures, mais ça revient vite. C'est le joueur le plus technique du monde mais il a besoin de rythme.

Vous parlez aussi de repli défensif?

● *(Il rit.)* Bien sûr que l'on en a parlé. Sérieusement. On s'est dit que si on s'y mettait un peu tous les deux, toute l'équipe allait s'y mettre aussi. Si Kylian et Neymar courent, qui ne va pas courir dans l'équipe?

Cette ultra complicité n'est-elle pas dangereuse par rapport au reste du groupe?

● Non, ce groupe vit vraiment bien. Et puis, ce qui compte c'est ce qu'il se passe sur le terrain. Bien sûr que l'on se cherche très souvent. Et alors? Les équipes savent déjà que l'on combine naturellement. Ce n'est pas pour ça qu'elles arrivent à nous contrer à chaque fois. Si c'est bien fait, ça passe. Mais on a aussi la chance d'avoir d'autres joueurs de très haut niveau. Le PSG, ce n'est pas des bras cassés avec juste Kylian et Neymar. Il y a aussi des Verratti, des Icardi, des Cavani…

Dominique Rocheteau avait joliment dit un jour que le geste le plus facile dans le foot était de revenir dans son camp après avoir inscrit un but. Et pour toi, quel est le geste le plus facile sur un terrain?

● J'aime bien cette phrase et ce que cela sous-entend. Je suis tout à fait d'accord. Dans ces cas-là, tu planes un peu… ●

Ses 100 premiers buts avec le PSG à la loupe

La Ligue 1 à sa main

Ses buts par compétition.

Ligue 1	74
Ligue des champions	13
Coupe de France	10
Coupe de la Ligue	2
Trophée des champions	1

Puissance 4

Le 7 octobre 2018, Kylian Mbappé a signé un quadruplé face à Lyon (5-0), un record personnel avec le PSG établi… en à peine 13 minutes en seconde période ! Il a par ailleurs signé 4 triplés, 16 doublés et marqué un but à 52 reprises.

Le grand 8

Il a marqué lors de 8 matches de rang toutes compétitions confondues entre novembre 2019 et janvier 2020, son record avec Paris. Il en a profité pour inscrire 10 buts sur la période.

Chez lui partout…

domicile 48 buts – extérieur 51 buts – terrain neutre 1

… et surtout dans les 16 m

97 dans la surface – 3 hors de la surface

À droite toute…

78 pied droit – 20 pied gauche – 2 tête

… et de préférence dans le jeu

90 dans le jeu – 6 sur penalty – 3 après un corner – 1 après un coup franc indirect

De plus en plus passeur, encore plus efficace

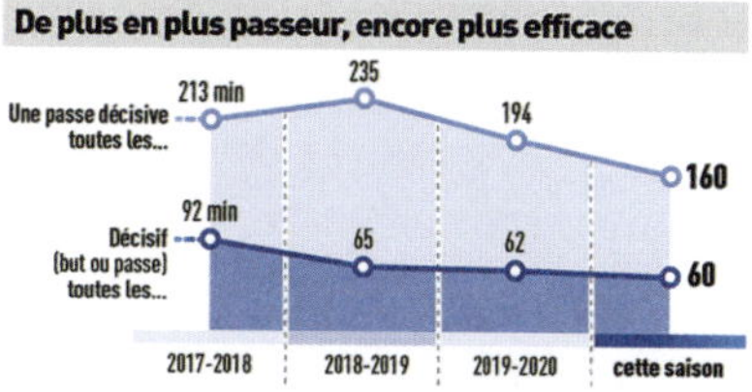

	2017-2018	2018-2019	2019-2020	cette saison
Une passe décisive toutes les…	213 min	235	194	160
Décisif (but ou passe) toutes les…	92 min	65	62	60

La faim sur la fin

Ses buts par quarts d'heure

1-15 min	8
16-30 min	6
31-45 min	19
total 1re m.t.	33
46-60 min	14
61-75 min	23
76-90 min	30
total 2e m.t.	67

Neymar, son fournisseur privilégié

Joueurs lui ayant offert le plus de passes décisives.

Neymar	16
Di Maria	15
Cavani	9

Le contraste de la C1

Auteur de 10 buts à l'extérieur avec le PSG en C1, il n'en a marqué que 3 au Parc des Princes. Et une seule de ses 13 réalisations a été inscrite lors de la phase à élimination directe.

Le 2e plus rapide…

100 buts en…

1	Ibrahimovic (SUE)	124 matches
2	Mbappé	137
3	Cavani (URU)	166
4	Pauleta (POR)	187
5	Rocheteau	253

… et déjà le 4e dans l'histoire

Top 5 des meilleurs buteurs du PSG

1	Cavani	200 buts
2	Ibrahimovic	156
3	Pauleta	109
4	Mbappé	100
-	Rocheteau	100

Ses victimes préférées

Dijon 10 buts – Lyon 8 – Monaco 7

Le zéro pointé

Mbappé n'a marqué aucun but lors des cinq finales qu'il a disputées, jusqu'à présent, avec le PSG (hors Trophée des champions).

Ses secrets d'athlète

KM, C'EST UN ŒIL, UN MENTAL, UNE HABILITÉ GESTUELLE MAIS (SURTOUT) DES CAPACITÉS ATHLÉTIQUES HORS DU COMMUN POUR UN FOOTBALLEUR. DÉCRYPTAGE D'UN PHÉNOMÈNE PHYSIQUE.

C'est d'abord à Bondy que l'attaquant parisien a, en partie inconsciemment, bâti des fondations solides, de celles dont on ne sait pas toujours déceler l'origine mais qui vous accompagnent tout au long d'une ascension. L'éducation physique et sportive entre les murs de l'école primaire, les parties de foot au city stade du coin, l'enfance… « L'idée est d'installer des logiciels qui, demain, permettront de travailler plus fortement, résume Frédéric Aubert, responsable de la préparation physique des équipes de France de football. Et, force est de constater qu'avec Kylian, ç'a été bien fait. La course usuelle de Monsieur Tout-le-Monde ou du gamin dans la cour d'école n'est pas la course technique du sprint. Et là, il nous épate ! J'y vois un plaidoyer pour la mise en place de bonnes fondations, d'une culture motrice, avant que celles-ci soient développées par la suite. »
Autrement dit, l'AS Monaco n'aurait jamais pu tirer profit des enseignements dispensés par l'Institut national du football (INF) si l'adolescent n'avait pas été parfaitement drivé dès son plus jeune âge. « Parce que la formation d'un talent s'étale sur plus de temps qu'on ne veut bien le croire », explique Aubert. Cela tombe bien, car les pensionnaires de la promotion 1998 de l'INF sont unanimes : le numéro 10 des Bleus n'a pas toujours été en avance. Il était même un joueur lambda, au moins du point de vue athlétique, seulement plus électrique balle au pied.
Aux épreuves physiques, il ne traîne ni la patte ni ne cale un tour aux copains. « On était très suivis, recontextualise Allan Momege, compagnon de voyage. On passait les tests de masse grasse, poids, taille, taille assise, pour voir le développement, surtout en pleine puberté. On avait une nutritionniste à disposition. On faisait des tests d'acide lactique également. Sur les tapis, on nous piquait l'oreille pour voir les taux de lactate. Puis on avait les tests de VMA *(NDLR : vitesse maximale aérobie, qui calcule la vitesse à laquelle la consommation d'oxygène est maximale)*, de puissance musculaire, de déséquilibre… Il ne faisait pas partie des tout meilleurs en VMA, à 21 ou 22, mais il était bien, entre 17 et 19. » De toute manière, l'INF veille au développement des jeunes crevettes. À 13 ans, Kylian Mbappé mesure 1,47 m et pèse 39 kilos.

« Une machine de guerre à l'entraînement »

La mue physique viendra plus tard. Le contexte du Rocher et les aptitudes du jeune Kylian continueront de lui forger un outil de travail, son organisme, solide et fiable. Kylian Mbappé en veut toujours plus. Dès lors qu'il commence à s'approprier le monde professionnel, le Bondynois s'intéresse à la nutrition. Plus tard, il engagera une cheffe à temps plein et gardera un rythme de vie posé.
Dans sa relation tourmentée avec Leonardo Jardim, coach de ses débuts, Kylian Mbappé tire d'abord un bénéfice dans la méthode d'entraînement du Portugais. Ce que Jardim et son staff résument en « ecological football training » trouve écho dans les qualités de l'attaquant : peu de travail en salle, loin d'être son passe-temps favori, et, surtout, jamais d'exercice sans ballon. « Un joueur de football, il aime jouer au football, philosophe sur cette période Souleymane Cissé, entraîneur de la réserve et resté proche de la famille. Ce sont des séances lors desquelles il a pris beaucoup de plaisir. » Il jongle entre athlétisation ludique et harmonisation de ses acquis avec le plus haut niveau.
La métamorphose psychologique qui s'ensuit est évidente. « C'est une machine de guerre

PARIS
SAINT-GERMAIN
ACCOR LIVE LIMITLESS

Flashé à 37 km/h au Camp des Loges

à l'entraînement, sourit un proche. Et surtout, depuis Monaco, il y a une vraie évolution mentale, notamment au niveau de la détermination. » Issa Diop, qui a accueilli l'étoile filante chez les U19 tricolores avant leur titre européen 2016, parle d'une accommodation continue. « Il faut finir sa croissance, en termes de taille et de muscles, et après, il y a des essais, synthétise le défenseur de West Ham. L'idée est de comprendre à quel poids et à quel niveau de développement musculaire on se sent bien. C'est en prenant en maturité et en apprenant à se connaître que l'on peut savoir tout ça. Kylian, lui, s'adapte toujours très très bien. »

« L'impression qu'il ne touche presque pas le sol »

Pour l'aspect mental, part non négligeable du développement athlétique, l'attaquant du PSG mise davantage sur son self-control. Avant les matches, il entre dans sa bulle tardivement, environ quarante minutes avant le coup de sifflet, envoie des sourires décomplexés et se marre.

En s'en tenant à l'impression visuelle, Frank Né, responsable du sprint français, transpose le constat sur le style de course du joueur : « Il a cette qualité de pied qu'on appelle les appuis insonores. Le temps de contact au sol est une donnée importante. Le sprinteur est quelqu'un qui est capable de mettre beaucoup de force dans le temps le plus court possible. Et Kylian Mbappé, c'est ça. On a l'impression qu'il ne touche presque pas le sol. »

Des facultés technico-physiques qui permettent, par exemple, à l'enfant de Bondy de frôler, sans forcer, la barre des 37 km/h lors des tests de vitesse de début de saison réalisés au Camp des Loges ; record de l'équipe devant Marquinhos, Thilo Kehrer et Neymar. Ajoutez à cela un corps sculpté au point de prendre une taille de vêtement entre la période ASM et celle du PSG, sans jamais tomber dans le bodybuilding, et vous obtenez un joueur dont le milieu de l'athlé peine à déterminer s'il est puissant, rapide ou vif. « Il a tout ça à la fois, elle est là la magie, s'enflamme Frédéric Aubert. Vous vous souvenez bien de l'action face à l'Argentine, non ? Ce moment-là, c'est tout ce dont peut rêver un préparateur physique… »

D'après le basketteur Frank Ntilikina, le secret réside précisément dans ce savant dosage et… dans le travail. « Physiquement, nous avons dû nous développer sans que cela se fasse au détriment de certaines qualités techniques, explique le meneur de jeu de l'équipe de France et des New York Knicks. Tout est affaire de routine. Si tu fais une séance de musculation d'une heure trente, tu dois faire en sorte d'avoir fait du travail de mobilité avant. Si tu prends 15 cm et que ton shoot se dérègle, c'est simple : il faut aller à la salle et tirer. C'est pareil pour le foot, Kylian et tous les athlètes. »

Il est passé de 10 à 14 sprints par match

Plus que progresser, il s'agit désormais de continuer sur le chemin qu'il a lui-même tracé, bonifiant son processus naturel de développement. Sa croissance n'est pas terminée et les pépins physiques l'ont pour l'instant épargné, si ce n'est deux commotions cérébrales, une torsion testiculaire en 2016 et deux blessures musculaires début 2018 et à l'été 2019. « Il est désormais plus à l'écoute, il a des demandes spécifiques et, comme tout le monde, il a le droit de grandir, de mûrir », dépeint un entraîneur. Sur les détails techniques et la recherche du plus-que-parfait, préparateurs et observateurs s'accordent sur deux points : le jeu de tête et son timing de saut. Et son bras gauche, petite aspérité dans la gestuelle de sprint. « Il l'utilise toujours un peu pour se protéger, résume Frédéric Aubert. Ce bras gauche qui part tendu vers l'arrière relève d'une fantaisie, d'un geste parasite. Tant que l'adversaire n'est pas à votre contact, vous n'avez pas besoin de ça. Et il s'agit d'un contre-mouvement dans le sens de la vitesse. Mais il fait tellement bien tout le reste qu'il a de la marge. » Le temps et l'expérience feront leur effet.

La mue a déjà commencé. Au fil des années, les performances physiques de Kylian Mbappé deviennent plus épurées. Avec 7,39 kilomètres parcourus par rencontre contre 8 il y a trois ans, l'attaquant du PSG court moins mais mieux, passant de 10,7 sprints à plus de 25 km/h par match à 14 cette saison. « La maturité footballistique qu'il va acquérir amènera la quintessence de ses qualités athlétiques au service du football », lance enfin Frédéric Aubert.

Merci

Olé Mbappé !

AUTEUR D'UN TRIPLÉ, L'ATTAQUANT PARISIEN A LIVRÉ SA PLUS GRANDE PERFORMANCE EUROPÉENNE SOUS LE MAILLOT PARISIEN.

L'ÉQUIPE

GALACTIQUES

C'était le genre de soir où tout peut prendre des proportions folles, pour le pire comme pour le meilleur. Kylian Mbappé se savait attendu au tournant pour sa découverte du Camp Nou. Pour ces retrouvailles entre le PSG et le Barça sur les terres de la remontada, l'attaquant parisien jouait gros en l'absence de Neymar. En jeune homme pressé, l'ancien Monégasque avait réussi son entrée dans le grand monde, à 18 ans, marquant cinq buts et les esprits face à Manchester City (3-5, 3-1 en 8es) et Dortmund (3-2, 3-1 en quarts), en 2017.

Depuis, son histoire avec les phases finales de la C1 s'était corsée et il avait découvert les exigences inhérentes à son nouveau statut. En quatre saisons, il avait inscrit 15 buts dans la reine des compétitions de club mais un seul dans les matches à élimination directe, au printemps 2019 à Old Trafford (2-0), une performance bien vite reléguée dans les oubliettes des mémoires parisiennes après la déconvenue du match retour (1-3).

Entre fin 2019 et fin 2020, il avait même connu une longue disette de buts dans l'épreuve, un crève-cœur pour le meilleur buteur de la L1 depuis trois saisons. Dans l'arène de Lionel Messi, Mbappé a répondu en mondovision, et comment. Auteur d'un tonitruant triplé pour lancer les champions de France sur une voie royale vers les quarts (4-1), il a réussi sa meilleure prestation européenne sous le maillot parisien et tient enfin son match référence. Il est le second joueur à réaliser pareille performance dans cette enceinte mythique en C1 après Andreï Chevtchenko, il y a 23 ans, avec le Dynamo Kiev (4-0). Il n'a pas suffi d'une minute pour comprendre dans quelles dispositions il se trouvait. Impliqué, saignant sur ses sprints et ses appels, il faisait belle impression, loin de son hiver taciturne. La présence de Verratti à son côté était une bénédiction. Pendant une heure, les deux hommes n'ont cessé de se chercher. Cela faillit d'abord profiter à Icardi (19e). Mais c'est finalement Mbappé qui allait prendre ses « responsabilités ». Sur un mouvement en une touche, Kurzawa trouvait Verratti dont le délicieux extérieur trouvait Mbappé. Ce dernier enchaînait pour marquer du gauche (1-1, 32e). Il répliquait alors à l'ouverture du score de Messi sur penalty (27e) mais n'allait pas s'arrêter là. Plus le temps passait, plus Barcelone souffrait et s'ouvrait, plus Mbappé s'avançait vers son destin. Sur un centre de Florenzi repoussé par Piqué, le champion du monde prenait de vitesse Dest pour marquer du gauche, encore, dans le but vite (2-1, 65e). À cinq minutes du terme, il portait l'estocade. À l'issue d'un contre mené par Draxler, Mbappé, servi côté gauche, ouvrait son pied pour trouver la lucarne opposée et venger la remontada (4-1, 85e). Grâce à son triplé, il a porté son compteur parisien à 111 réalisations et est passé devant Pauleta (109) pour devenir le 3e buteur de l'histoire du club, toutes compétitions confondues, derrière Cavani (200) et Ibrahimovic (156).

11 – Son abécédaire

A comme Argentine

« Si je dois ne retenir qu'un seul match en 2018, c'est celui face à l'Argentine (4-3). C'est celui qui nous a permis de lancer collectivement notre Coupe du monde. Mais on ne pouvait pas trop s'extasier non plus à la fin car, derrière, il restait du chemin. C'est aussi forcément la rencontre qui m'a révélé au monde, tout simplement, notamment grâce à mon action. Sur ce coup-là, je me dis juste que je peux y aller. Et plus j'avance et me rapproche de la cage, plus je me dis qu'il va falloir faire quelque chose. Je suis accroché, je tombe et c'est penalty... »

B comme Ballon d'Or

« C'est la deuxième année que je suis dans la liste des nommés. C'est toujours la même joie et la même fierté d'être entouré par tous ces joueurs que j'ai longtemps admirés. Après ma septième place de 2017, la quatrième de cette année constitue malgré tout une petite déception. Le compétiteur que je suis est un peu déçu, mais le joueur réaliste que je suis également reconnaît que celui qui l'a remporté n'a pas démérité. Gagner la Ligue des champions trois fois de suite, chapeau, ça n'a rien d'évident, même quand tu joues au Real. En plus, il a conduit la Croatie en finale, une équipe que personne n'attendait à ce niveau-là au début de la compétition. Pour moi, ce n'est que partie remise, et je vais tout faire pour le décrocher un jour. Mais je ne sais pas quand car je ne vois pas le futur ! »

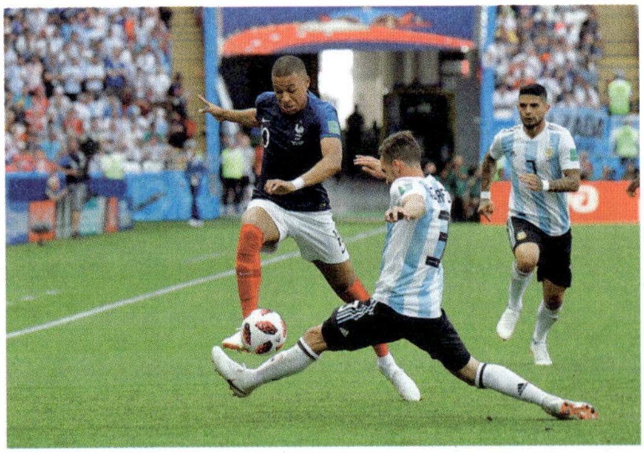

C comme Champion's League

« La déception de mon année 2018, qui a sans doute un rapport avec celle du Ballon d'Or. On ne peut pas se contenter d'une sortie en huitièmes de finale. Le PSG est en nets progrès mais on aurait pu faire nettement mieux. Il faudrait que l'on en finisse avec les regrets, comme ç'a été le cas la saison passée, et que je sois beaucoup plus constant et présent dans cette compétition. Il y a des gros matches au cours desquels je suis passé à travers, je le sais. C'est là où je dois progresser. »

D comme Deschamps

« L'homme qui a su nous montrer la voie pour aller chercher cette Coupe du monde. Il a su nous titiller quand il le fallait, nous encourager quand on en avait besoin. À titre personnel, il m'a tendu la perche quand j'en ai eu besoin. Notre relation est au beau fixe car il sait qu'il peut tout me dire. Des critiques comme après le France-Australie, il y en a eu plein des comme ça… »

E comme Emery

« Je n'oublie pas qu'il m'a aidé à m'adapter au sein d'une grande équipe, ce qui n'est pas facile. J'éprouve beaucoup de respect pour cet homme, même s'il n'a pas réussi à Paris. Il a remporté des titres avant et je lui souhaite d'en gagner après. Je lui ai envoyé un message de félicitations lorsqu'il a signé à Arsenal, et maintenant, je le suis de loin. »

F comme France

« Voir le pays derrière nous durant la Coupe du monde m'a beaucoup touché et marqué. Dans notre bulle, en Russie, on n'avait pas conscience de cet engouement. Jusqu'au moment où, après la demi-finale, on nous a balancé les images de la France en liesse après notre qualification. Quand tu vois ce monde dans les rues, tu as envie de tout casser pour ce maillot. »

G comme Gigi Buffon

« La légende absolue. Il fait partie de ces joueurs dont je disais il n'y a pas très longtemps : "Lui, j'aurais bien aimé jouer ne serait-ce qu'une seule fois avec lui." Et je me retrouve sous le même maillot ! Je considère cela comme une chance incroyable de pouvoir côtoyer cette classe incarnée. Il ne force jamais, tout ce qu'il fait est juste et naturel, qu'il joue ou qu'il ne joue pas. On avait des joueurs expérimentés dans le vestiaire, mais lui c'est la gamme au-dessus. Ça fait dix-neuf ans qu'il est titulaire, mais quand il arrive ici, il ne revendique rien et s'entend parfaitement avec Alphonse (NDLR : Areola). C'est une vraie leçon pour tout le monde. Tu es obligé de l'écouter. Je me souviens forcément de notre tête à tête sur la pelouse du Vélodrome après ma "punition". Il voulait me faire oublier *(sa non-titularisation)* et m'avait parlé de la vie, et notamment des barbecues, qu'il adorait faire avec ses amis. C'était la bonne méthode plutôt que de me bourrer le crâne avec des conseils et des reproches. »

H comme Hazard

« Le joueur contre lequel j'ai joué cette année qui m'a le plus impressionné. Avec la Belgique, en demi-finales, il avait été impressionnant tout en respectant toujours le jeu. Quand il doit passer le ballon parce que le jeu le commande, il le fait sans aucun état d'âme. C'est un diable. J'étais parfois (il sourit) à cinq mètres de lui, et j'ai été bluffé par sa vitesse d'exécution, avec ce ballon qui lui colle tout le temps au pied, sa prise d'information permanente avec la tête toujours levée. Il n'y a aucun espace qu'il ne voit pas. »

I comme Isayah

« C'est mon neveu, le fils de mon frère Jirès (Kembo, ancien attaquant de Rennes). On partage beaucoup de choses ensemble, moi qui suis très famille. Même si je suis un fou de foot, j'aime aussi me ressourcer auprès des miens, et donc d'Isayah avec qui j'avais fêté mon premier titre de champion à Monaco, puis le deuxième avec Paris. Je m'éclate avec lui, même si parfois, il ne me laisse pas trop dormir ! »

J comme (De) Jong

« Là encore, il s'agit d'un joueur qui m'a pas mal impressionné lors de nos deux confrontations face aux Pays-Bas. Sa vision du jeu et sa qualité de passe qui casse les lignes le rendent très précieux, surtout qu'il récupère aussi pas mal de ballons. Franchement, il est le bienvenu à Paris ! Je lui ai d'ailleurs glissé un mot, car il nous ferait un bien énorme. Après, il fera son choix… »

K comme Kylian

« 2018, c'est mon année, non ? (Il rit.) J'avais connu une année 2017 extraordinaire, et j'avais dit que j'espérais que la suivante soit encore plus belle. Franchement, je n'ai pas été déçu, avec plein de titres et surtout plein de plaisir. J'ai rencontré les bonnes personnes qui m'ont permis de m'adapter à plusieurs contextes pas si évidents.»

L comme Lana

« C'est ma nièce, qui est née cette année. Un autre grand moment pour toute la famille que j'ai vécu à la maternité. Moi qui mange football, qui dors football, qui rêve football, j'ai besoin aussi, parfois, de me ressourcer et de débrancher. Et je le fais avec ma famille. Je suis conscient des efforts et des sacrifices qui ont été consentis pour la carrière de Kylian. Alors, pas question pour moi de m'enfermer dans une bulle ! Même si je suis, je crois, assez lucide, je leur demande de me parler franchement. C'est à eux de me prévenir des éventuels pièges et des dangers. »

M comme Marseille

« C'est un épisode marrant, ce retard pour le match… surtout parce que ça c'est bien terminé. Mais c'est évident que, sur le coup, je n'ai pas trop rigolé. C'est une erreur. Mon côté passionné de foot m'a desservi, puisque ce jour-là, je me suis fait absorber par Real-Barcelone. Je me suis excusé. C'est une leçon. Finalement, tout le monde a vite oublié mon retard après mes actions qui ont amené nos deux buts. Maintenant, j'arrive beaucoup plus tôt aux rendez-vous. J'arrête même de regarder les matches dès la mi-temps pour éviter de me laisser absorber. »

N comme Neurologue

« Je voulais rendre hommage à ce médecin qui m'a soigné après le choc avec (Anthony) Lopes (face à Lyon, 2-1, en janvier). Je n'en ai pas voulu à Lopes, c'est son jeu, il a été maladroit. En revanche, je n'ai pas trop compris pourquoi l'arbitre (Clément Turpin) n'avait rien sifflé. Quant au neurologue, je me souviens du premier rendez-vous quand il m'a parlé de mon indisponibilité de plus de quatre semaines,

alors qu'il y avait le Real trois semaines après ! Je lui ai dit que je respectais son métier mais qu'il allait devoir trouver autre chose pour que je sois rétabli à temps pour ce grand match que je ne voulais pas manquer. On a ainsi pu réussir à mettre en place un programme en accéléré. »

O comme Oubli

« J'ai envie d'oublier l'épisode de Nîmes (carton rouge à la suite d'une l'altercation avec Teji Savanier) car j'ai montré un visage noir dont je ne suis pas fier. En jeunes, je n'avais jamais pris de rouge. Je dois apprendre à me contrôler. J'ai pris trois matches qui m'ont paru une éternité. Me priver de foot, c'est le pire qui puisse m'arriver. Bien pire que les punitions d'école. Pendant mon arrêt forcé, je m'amusais à aller voir sur le site de la Ligue les sanctions disciplinaires après les cartons rouges distribués. Et là, j'ai vu que les sanctions n'étaient pas les mêmes pour les autres. (Il rit.) Ça m'apprendra. »

P comme Penalty

« Face à l'Islande (2-2), j'ai inscrit mon premier penalty en pro. J'espère que j'en tirerai beaucoup d'autres en 2019… Je suis un attaquant qui aime marquer des buts. Dans les grandes équipes, ce sont huit à neuf penalties par an. Et huit à neuf buts en plus ou en moins dans un bilan statistique, ça change. Moi, je m'entraîne pour cet exercice qui est avant tout mental. En fin de séance, je prends un gardien et je tape, je tape… Il faut avoir les nerfs solides et un geste sûr. L'objectif est de réussir à automatiser ton geste. »

Q comme Quadruplé

« J'en avais réussi chez les très jeunes, mais jamais chez les jeunes et encore moins en pro. En plus, je le réussis dans un grand match (face à Lyon, 5-0), face à l'équipe qui, cette saison, est la plus susceptible de nous mettre en difficulté. C'était un message pour toutes les autres équipes du Championnat : quand on met beaucoup d'envie, c'est dur contre nous. En décortiquant mon match, on peut remarquer que j'aurais pu faire un peu mieux. J'aurais dû aller à sept. Heureusement, dans quinze ans, on ne se souviendra pas des trois ratés, mais des quatre marqués. J'ai gardé mon maillot, le trophée d'homme du match et le ballon, que j'ai fait signer par tous mes coéquipiers. Je garde tout : je collectionne les maillots, les trophées, les ballons… »

R comme Rêves

« Tout ce que j'ai accompli depuis deux ans appartenait au domaine des rêves, il y a encore très peu de temps. Un titre de champion du monde, évoluer avec les meilleurs joueurs de la planète, bien sûr que j'en rêvais, mais quand je me levais ces matins-là, je me tapais la tête en me disant : "Arrête de rêver, il y a du travail à faire avant de penser à ça !" Sauf que je l'ai fait, en ayant de la chance quand il a fallu en avoir. Désormais, j'ai gagné en régularité. À Monaco, j'étais bon un match sur deux, celui de la Champion's League. *(Il se marre.)* À Paris, c'est un peu plus souvent, je crois. »

S comme Souvenirs

« À dix-neuf ans, j'en ai déjà plein la tête. Mais si je ne devais garder qu'une image de 2018, ce serait celle de notre retour en France après notre victoire en Coupe du monde. Pourtant, cette balade en bus, j'avoue, je n'étais pas trop pour à l'origine. Je trouvais que ça faisait un peu "too much", je pensais que l'euphorie serait redescendue plus vite. Heureusement qu'on l'a faite ! J'ai encore en tête toute cette foule sur les Champs-Élysées, c'était grandiose… »

V comme VAR

« Qu'est-ce qu'il a pu me faire souffrir, celui-là ! Vivre ça en finale de Coupe du monde, c'est très particulier. Pour être franc, je l'ai un peu mal vécu. Moi qui ai l'habitude d'être dans ma bulle tout au long d'un match, là, j'en suis complètement sorti. Pendant les cinq-six minutes d'arrêt de jeu, je suis parti loin, loin… Tout d'un coup, je pensais à tout sauf à mon match. J'ai commencé à regarder le tableau d'affichage, à essayer de repérer ma famille en tribune, à me dire : "Ah ouais, t'es en finale de Coupe du monde, là…" J'étais ailleurs. Heureusement, je suis vite revenu dans le vif du sujet. Le VAR, ça peut être cruel, surtout après un but… Maintenant, quand tu as un doute, tu hésites à fêter ton but car tu ne veux pas passer pour un fou à célébrer pour rien. »

T comme Trophées

« Collectivement et individuellement, j'en ai remporté pas mal cette année. Je ne m'en lasse jamais. C'est ma récompense. Je dors et passe plus de temps avec mes coéquipiers qu'avec ma famille. Alors, finir une année sans rien gagner, ce serait dur pour moi. J'aurais la sensation d'avoir perdu onze mois. À Paris, personne n'est blasé, même ceux qui sont là depuis les débuts de QSI, même ceux qui ont gagné leur cinquième titre de champion de L1. À chaque finale, il suffit d'observer le regard des joueurs. Ils sont tous aussi affamés. J'ai réuni tous mes trophées dans une salle et parfois, au retour d'une défaite, je vais me balader devant. Ça fait du bien. »

W comme Wenger

« Un vrai monument du foot français qui est parti d'Arsenal. Je n'ai pas vu beaucoup de personnes dans ce milieu faire autant l'unanimité. Quand toute l'Europe se met à genoux devant lui pour le célébrer, ça veut forcément dire quelque chose. Il y a quelque temps, avant que je signe au PSG, on avait été en contact en 2017. J'avais choisi une direction différente mais il ne m'en a pas voulu. Il avait été gentleman et m'avait souhaité bonne chance. »

U comme Unique

« Je n'ai pas envie que cette année 2018 soit unique. J'ai plutôt envie que ce soit une étape et de connaître plein d'autres années uniques. »

X comme facteur X

« L'inconnu pour moi reste notre aptitude à pouvoir passer ce cap en Ligue des champions. Va-t-on y arriver ? On a les joueurs, on a le club, on a les supporters, on a les moyens. A-t-on le mental ? Si on donne tout, on peut vraiment aller chercher de belles choses. »

Y comme Yes we can

« On l'a fait ! J'avais affiché mes ambitions avant la Coupe du monde en disant qu'on avait les moyens d'aller au bout. Ça n'a pas été tout à fait compris, ç'a été un peu pris pour de l'arrogance. Depuis le début de ma carrière, je n'ai jamais été blessé par des critiques, mais là, c'est la seule fois où j'ai été touché. On a interprété mon ambition collective comme une ambition personnelle. Quand j'ai dit qu'on allait en Russie pour gagner et que j'en ai entendu dire : "Pour qui il se prend", j'ai pensé que l'on ne voyait sans doute pas les mêmes choses… Ça m'a fait rire quand, en fin de compétition, certains ont dit : "On avait l'équipe pour gagner…" Forcément qu'on avait l'équipe pour gagner puisque chaque titulaire de la sélection évolue dans un grand club, et pas pour porter les gourdes. »

Z comme Zidane

« Lui, je le mettrais dans mon abécédaire tous les ans. Il gagne la Ligue des champions pour la troisième fois de suite et, derrière, il s'en va. J'avoue que ça m'a un peu surpris. Mais il est tellement grand. Je l'ai croisé il n'y a pas si longtemps, et j'avoue que c'est une des seules personnes devant laquelle je me fais tout petit. Il possède un tel charisme qu'en face de vous, vous avez l'impression qu'il y a quinze personnes. C'en est troublant. Le retrouver un jour ? Pourquoi pas ? Si on m'avait dit il y a deux ans qu'il m'arriverait tout ça, je n'y aurais jamais cru. Pourtant, Dieu sait si j'ai confiance en moi et si je crois en mes rêves. Alors, croiser un jour la route de Zidane, ce serait avec plaisir. »

12 – Ses admirateurs

Un concert de louanges

ARSÈNE WENGER,
le 9 mars 2018,
en conférence de presse :
« Mbappé me rappelle un jeune Thierry Henry avec le même regard malin, les mêmes qualités d'intelligence dans les déplacements et de félinité dans la finition. Je pense que c'est un talent exceptionnel qui est promis à un super avenir. »

DIDIER DESCHAMPS,
le 16 mars 2018, pour sa première convocation en équipe de France :
« Il est jeune, mais la qualité, le talent n'ont pas d'âge. Je pensais que c'était le bon moment pour qu'il vienne avec nous. [...] Je trouve Kylian très mature. Il est capable d'avoir la lucidité dans ses choix sur le terrain. Cette sérénité, cette tranquillité, devant les gardiens en face à face font sa force. C'est pour ça qu'il est très efficace. »

MBAPPE
7
MEUNIER
12
VERRATTI
6
RABIOT
25
DI MARIA
11
KIMPEMBE
3

YOURI DJORKAEFF,
le 31 mars 2018, sur sofoot.com :
« Personnellement, je ne pense pas que je surestime Mbappé. Ce que je vois, je l'analyse, ça me plaît beaucoup, et je trouve qu'il faut le dire. Son comportement fait qu'il mérite les louanges aussi. Quand on voit une telle maturité, Mbappé doit être un exemple pour tous les jeunes des centres de formation. Après, oui, c'est sûr qu'à un moment donné, il va avoir des passages à vide, c'est obligé, mais c'est pas grave. »

RAYMOND DOMENECH,
le 11 avril 2018, dans *L'Équipe* :
« Je me souviens de Ronaldo (le Brésilien) aux JO de 1996, et Mbappé est de ce niveau : il a les caractéristiques d'un joueur de classe mondiale. À lui de bien gérer ça : il a le choix entre être Ronaldo ou Anelka. »

KARIM BENZEMA,
le 17 mai 2018, dans *L'Équipe* :
« Le dernier joueur qui m'a paru aussi fort et précoce à ce niveau ? Neymar. »

GIANLUIGI BUFFON,
le 30 avril 2018, au micro de beIN Sports :
« C'est très motivant de savoir que je joue avec le futur Messi, Ronaldo ou Neymar et de pouvoir affronter des joueurs qui n'étaient pas nés quand toi tu débutais ta carrière. Mbappé a un talent incroyable d'après ce que j'ai pu voir. Il semble qu'en plus il a la tête sur les épaules. Ç'a l'air d'être un bon gars. Cela va beaucoup l'aider dans sa carrière, qui s'annonce brillante. »

GIORGIO CHIELLINI,
le 3 mai 2018, zone mixte, après la demi-finale aller de Ligue des champions Monaco-Juventus :
« Mbappé est un futur crack, c'est clair. »

ZINÉDINE ZIDANE,
le 20 juillet 2018, sur ESPN Mexico :
« Mbappé est excellent. C'est un talent de dix-huit ans, et il a de la personnalité. »

THIERRY HENRY, le 26 mars 2018, dans un entretien au Canal Football Club :
« Je n'aime pas comparer les joueurs. Il faut que Mbappé devienne Mbappé, c'est tout, mais qu'est-ce qu'il est bon… J'aime beaucoup et puis je l'ai rencontré, il m'a donné l'impression d'avoir la tête sur les épaules. Et j'aime bien le regarder jouer, car il pense. »

LIONEL MESSI
le 25 novembre 2018, dans Marca :
« Aujourd'hui, il y a énormément de grands joueurs qui peuvent prétendre gagner le Ballon d'Or. Ces dernières années, c'était nous deux (avec Ronaldo), mais désormais il y a des footballeurs comme Neymar, Mbappé ou Suarez qui peuvent prétendre à ce prix. »

DAVID TREZEGUET,
le 18 juin 2018, au micro de RMC Sport :
« Il a fait une année d'un niveau très fort, mais il doit encore élever son niveau parce qu'il a de l'envie, il a de la volonté, il a toutes les qualités. Je pense que l'ambiance à Monaco, ça peut lui faire du bien. »

SERGIO RAMOS,
le 29 juillet 2018, en conférence de presse :
« Mbappé a un gros potentiel, il n'y a pas beaucoup de jeunes joueurs comme lui. »

ANDREA BARZAGLI,
le 3 mai 2018 , après la demi-finale aller de Ligue des champions Monaco-Juventus :
« J'en ai rencontré des bons jeunes au fil des années, mais jamais comme lui. Nous avons étudié son jeu lors des séances vidéo, c'est un joueur dévastateur. À son âge, il a la vitesse, la technique, la puissance physique, il se déplace bien, coupe les trajectoires, il a le sens du but. »

PEP GUARDIOLA,
le 16 septembre 2018, en conférence de presse :
« Personne ne peut s'asseoir à la même table que Messi. Peut-être Mbappé… Un joueur de premier plan, qui va devenir un joueur exceptionnel, je suis plutôt sûr de ça. Mais pour égaler ce que Messi a fait en dix ou douze ans, ou Cristiano, nous devons attendre. »

YOURI DJORKAEFF,
le 30 août 2018, au *Figaro* :
« Ce garçon dégage des choses incroyables […] Ça fait tellement de bien. On critique souvent l'inexpérience et la jeunesse, que ces joueurs prennent le métier à la légère, et là, on a un Mbappé, sans doute l'un des plus grands talents en devenir dans le monde du foot, qui prend la pleine conscience de ce que c'est d'être professionnel. […]
Ce gamin, à l'image d'un Neymar, fait du bien au foot. Il a la banane, ne se prend pas pour un autre. »

ARSÈNE WENGER
le 6 septembre 2018, au micro de beIN Sports :
« Mbappé est le nouveau Pelé. Il a le charisme, la personnalité, la confiance en soi. »

NEYMAR,
le 12 septembre 2018, au micro de BeIN Sports après le match de Ligue des champions contre le Celtic :
« C'est toujours un plaisir de jouer avec de grands joueurs, même s'il est jeune, il n'en reste pas moins que c'est un grand joueur. Et il a beaucoup de marge de progression. Donc, je suis très heureux. »

NEYMAR,
27 septembre 2018, en zone mixte, après le match de Ligue des champions contre le Bayern :
« J'ai l'impression qu'il a déjà trente ans. Il est tellement mature et complet. C'est un privilège pour moi de jouer avec lui. C'est un joueur qui va donner beaucoup de fil à retordre devant et qui va se mêler à la lutte pour le Ballon d'Or. »

UNAI EMERY,
le 29 septembre 2018, en conférence de presse avant la réception de Bordeaux :
« Il peut jouer à tous les postes de l'attaque : à gauche, au centre, à droite. Il l'a démontré. »

LUDOVIC GIULY,
le 12 octobre 2018, au micro de RMC :
« Mbappé est plus professionnel que Messi au même âge. Il sait mieux gérer son corps. Leo avait beaucoup de soucis de santé lors de sa croissance. C'était plus compliqué pour lui. Kylian a l'avantage de se connaître et de bien récupérer. »

GARY LINEKER, le 18 octobre 2018, sur Twitter :
« Mbappé est une blague absolue pour son âge. »

DANI ALVES, le 21 octobre 2018, dans le *Parisien* :
« Il me fait penser à Thierry Henry. J'ai joué avec lui et ils font des choses similaires. Mbappé est jeune, mais sa progression

LEONARDO JARDIM
le 12 septembre 2018, dans *France Football* :
« Mbappé, le joueur le plus fort que j'ai croisé ? À son âge, oui. Il a beaucoup progressé. »

DIEGO MARADONA,
le 15 décembre 2018, dans AS :
« Mbappé est pour moi la révélation du football (...) Je l'ai dit à Florentino (Pérez), recrutez Mbappé. Je le lui ai dit quand on s'est vus à la FIFA. »

ARSÈNE WENGER
le 3 mars 2021 dans *Le Parisien* :
« Sa trajectoire est sans faux-pas. Il a une maturité exceptionnelle. On ne mesure pas la chance, en France, d'avoir Kylian Mbappé. »

est très rapide et il a des qualités incroyables. C'est un grand plaisir pour moi d'évoluer avec des joueurs de ce niveau. J'ai eu la chance d'en côtoyer quelques-uns, et, sans aucun doute, Kylian est un grand joueur. »

LEONARDO,

le 29 octobre 2018, dans une interview à Canal+

« Il peut devenir le Ballon d'Or. C'est évident. Mais il y a un chemin à faire. »

KARIM BENZEMA,

le 12 novembre 2018, au Canal Football Club :

« Mbappé m'impressionne parce qu'il est jeune, surtout sur les matches en Ligue des champions où le niveau est très haut. Pour un jeune comme lui, avec autant d'assurance, il prend beaucoup de risques, et quand il touche la balle, il se passe quelque chose. »

GARY LINEKER,

le 5 décembre 2018, sur le plateau de BT Sport :

« Il me fait penser au Brésilien Ronaldo. La force, l'habilité, l'efficacité devant le but, il a tout. »

FLORENT BALMONT,

le 1er décembre 2018, dans *L'Équipe* :

« Lui, je pense qu'il a des qualités hors norme et qu'il va faire une grosse carrière s'il reste humble. C'est un joueur à part. »

PELÉ,

le 15 janvier 2019 dans France Football :

« Il a gagné la Coupe du monde à dix-neuf ans, moi j'avais seulement dix-sept ans. Je l'ai chambré en disant qu'il avait presque égalisé. Je pense qu'il peut devenir le nouveau Pelé ! Beaucoup pensent que j'ai dit ça pour rigoler, mais non, ce n'est pas une blague. »

HRISTO STOITCHKOV,

le 1er décembre 2018, au micro d'Omnisport après le tirage de la Coupe du monde :

« Il y a quelques joueurs derrière eux (Messi et Ronaldo), comme Neymar ou Luis Suarez, et quelques jeunes comme Mbappé ou Dembélé. Et ils se battront pour [le Ballon d'Or] dans le futur. »

PAUL SCHOLES,

le 5 décembre 2018, sur le plateau de BT Sport :

« Il est le meilleur jeune joueur du monde aujourd'hui. »

FRANK LAMPARD,

le 5 décembre 2018, sur le plateau de BT Sport :

« Il n'y a absolument aucun doute sur le fait qu'il va arriver tout en haut. »

DJIBRIL CISSÉ,

le 10 décembre 2018, sur Twitter en réponse au tweet suivant :

« Guy Roux qui compare Mbappé à Cissé à Téléfoot, fallait oser quand même… » :

« Techniquement, Mbappé est à des kilomètres au-dessus de moi, mais niveau vitesse et efficacité et nombre de buts je pense être pas trop mal (smiley clin d'œil x5) *»*

XABI ALONSO,

le 11 décembre 2018, au micro de beIN Sports après le tirage de la Ligue des champions :

« Il a émergé de manière spectaculaire. Je pense qu'il aura un avenir radieux. Après, il ne faut pas aller trop vite. Il n'a que dix-huit ans, mais il a beaucoup d'années devant lui pour évoluer. »

Un ouvrage réalisé par les éditions Solar et *L'Équipe* à partir des articles
publiés dans l'hebdomadaire *France Football* et le quotidien *L'Équipe*.

Patrick Urbini, *France Football* du 2 mai 2017
Cindy Jaury et Timothé Crépin, *France Football* du 29 août 2017
Vincent Villa, *L'Équipe* du 28 août 2017
Sébastien Tarrago et Vincent Villa, *L'Équipe* du 8 septembre 2017
Guillaume Dufy, Sébastien Tarrago et Fabien Touati, *L'Équipe Mag* du 4 novembre 2017
Pascal Ferré, *France Football* du 19 décembre 2017
Cindy Jaury, *France Football* du 27 décembre 2017
Sébastien Tarrago, *L'Équipe* du 27 décembre 2017
Damien Degorre, *L'Équipe* du 4 janvier 2018
Vincent Villa et Pascal Ferré, *France Football* du 24 juillet 2018
Patrick Urbini, *France Football* du 23 octobre 2018
Arnaud Tulipier, *France Football* du 4 décembre 2018
France Football du 4 juin 2019
France Football du 14 juillet 2020
Antoine Bourlon et Thymoté Pinon, photos Jérôme Prévost/*L'Équipe*, *France Football* du 24 décembre 2019
José Barroso , *L'Équipe* du 17 février 2021

Crédits iconographiques
Photos *L'Équipe* : Laurent Argueyrolles, Sébastien Boué, Franck Charel, Franck Faugère, Jean-Louis Fel,
Félix Golési, Pierre Lahalle, Stéphane Mantey, Alex Martin, Richard Martin, Alain Mounic,
Frédéric Porcu, Jérôme Prévost, Aléxis Réau, Franck Seguin
Sauf : page 8 © Nike – page 10 © DR – page 12 gauche © DR, centre © Liberté Bonhomme Libre -
page 13 © Gif Cup – page 14 © DR – page 17 © DR – pages 18 à 23 © Magali Delporte –
page 26 © DR – page 37 © DR. – page 122 © Hoermann/SvenSimon/Pool/Witters/Presse Sports –
page 124 © Schatz/Pool/Witters/Presse Sports.
Couverture :
1ère de couverture et premier rabat : © Pierre Lahalle / *L'Équipe*
4e de couverture : © Gif Cup (gauche) ; © Nike (droite)
Second rabat : © Jérôme Prévost / *L'Équipe*.

SOLAR
www.solar.fr

Direction : Jean-Louis Hocq
Direction éditoriale : Jean-Philippe Bouchard
Éditeur junior : Maxime Lafon
Maquette intérieure & couverture : Paul Raymond Cohen
Fabrication : Emmanuelle Laine
Photogravure : Graphium

france football

Édition : Laurence Gauthier et Jean-Christophe Bassignac.
Iconographie : Antony Ducourneau

Remerciements à Pascal Ferré, Rédacteur en chef de *France Football*, pour son soutien et sa collaboration.

Imprimé en France par PPO Graphic